# DK 아틀라스 시리즈

# 세계의새

글 바바라 테일러 · 그림 리차드 오어

## THE BIRD ATLAS

데스
룸스

# A DORLING KINDERSLEY BOOK

Project Editor Anderley Moore·Art Editor Sheilagh Noble
Designer Heather Blackham· Production Shelagh Gibson
Managing Editor Susan Peach· Managing Art Editor Jacquie Gulliver

Bird Consultant Michael Chinery

First published in Great Britain in 1993
by Dorling Kindersley Limited,
80 Strand, London, WC2R ORL

Original Title : The Bird Atlas
Illustrated by Richard Orr
Written by Barbara Taylor

DK 아틀라스 시리즈
**세계의새** 초판 5쇄 발행 2020년 6월 10일

**펴낸곳** 루덴스 · **펴낸이** 이동숙 · **글** 바바라 테일러 · **그림** 리차드 오어
**번역** 윤무부 · **감수** 윤무부 박선오 박영주 · **편집** 홍미라 박정익 · **디자인** 모현정 김효정
출판등록 제16-4168호 주소 서울시 송파구 송파대로 201 송파테라타워 B동 919호
전화 02-558-9312(3) · 팩스 02-558-9314

값 24,000원 · ISBN 979-11-5552-233-2

책 내용의 전부 또는 일부를 재사용하려면 반드시 저자와 출판사의 동의를 받아야 합니다.
잘못 만들어진 책은 교환해 드립니다.

·**세계의 새**의 모든 내용은 개정 7차 과학 교과과정 중에서 초등3 〈물에 사는 생물〉,
초등4 〈동물의 생김새〉 〈동물의 암수〉, 초등5 〈작은 생물〉 〈환경과 생물〉, 초등 6 〈주변의 생물〉
〈쾌적한 환경〉, 중3 〈생물의 진화〉, 고1 〈환경〉, 고등생물 〈생명의 연속성〉 〈생물의 다양성과 환경과
연계되어 있습니다.

# 차례

# 세계의 새 가이드
## How to Use this Atlas

이 책은 크게 북극, 아메리카, 유럽, 아프리카, 아시아, 오스트레일리아, 남극 대륙으로 나누어져 있다. 대륙별로 전체적인 모습을 보여준 뒤 각 대륙 내에 있는 주요 서식지와 새들을 설명했다.

### 대륙 소개
대륙의 전체 모습, 기후, 주요 새들의 서식지, 대표적인 새들, 희귀한 새들에 관해 소개한다. 커다란 그림 지도는 대륙의 크기, 위치, 지리적인 특징을 보여준다. 그리고 이 대륙이 수천만 년 동안 어떻게 이동했는지 설명한다.

### 세계에서의 위치
빨간색으로 표시한 지역이 그 페이지에서 설명하는 서식지가 있는 곳이다.

### 새 기호
해당 새가 가장 많이 살고 있는 지역에 새 기호를 그려 넣었다.

### 크기
몸 길이 : 30cm

새 이름 아래에 그 새의 평균적인 길이, 날개 길이 등을 나타냈다.

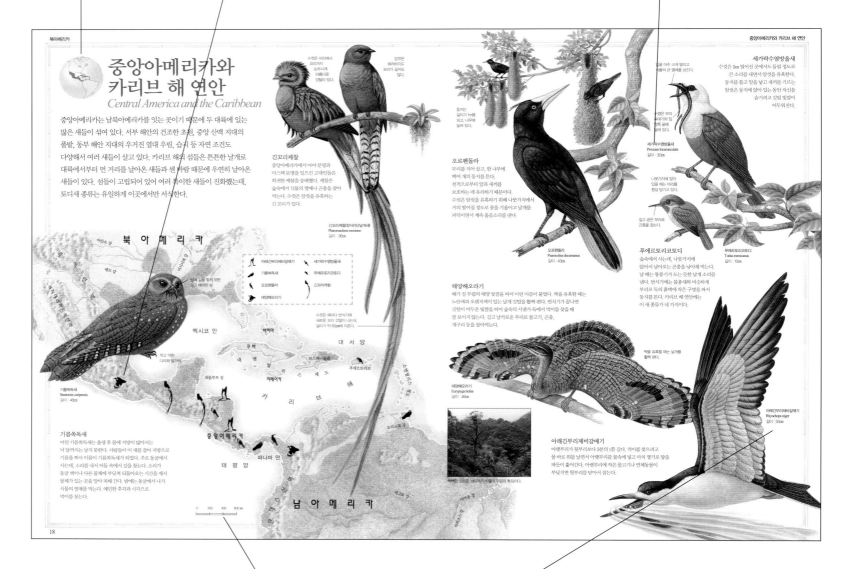

### 축척
축척으로 지도에 나타낸 지역의 넓이를 알 수 있다.

### 학명
아래긴부리제비갈매기
Rhynchops niger

학명은 각 나라 사람들이 해당 동물을 부르는 이름과 상관없이 세계 공통이다. 두 부분으로 되어 있는데, '속명'이라고 하는 앞부분은 비슷한 종류의 새들에게 붙여진 전체적인 이름이다. 'Rhynchops'는 제비갈매기 종류가 속하는 무리를 뜻한다. '종명'이라고 하는 뒷부분은 특정한 한 종의 새에게만 붙인 이름이다. 'niger'라는 이름은 '검다'라는 뜻의 라틴어이다.

# 새란 무엇인가? *What is a Bird?*

약 1억 5천만 년 전에 파충류에서 진화한 새는 깃털을 가진 유일한 동물이다. 알을 낳고, 공기 호흡을 하며, 체온을 일정하게 유지한다. 가장 초기에 살았던 시조새인 Archaeopteryx('고대의 날개'라는 뜻의 라틴어)는 잘 날지는 못했지만, 깃털이 있었다. 지금은 약 9천여 종의 새가 있다.

시조새

진홍잉꼬의 몸통 깃털

비둘기의 앞가슴 깃털

기니거위의 비행 깃털

## 깃털

굴뚝새처럼 작은 새도 천 개가 넘는 깃털이 있다. 깃털에는 날개와 꼬리에 있는 비행 깃털, 몸을 둘러싸서 바깥 모양을 유지시켜 주는 몸통 깃털, 체온을 유지시키기 위해 보풀보풀하게 발달된 앞가슴 깃털이 있다. 비행 깃털은 갖가지의 털들이 갈고리들처럼 얽혀 있다. 새들은 해마다 묵은 깃털이 빠지고 새로운 깃털로 털갈이를 한다.

매
Falco peregrinus

깃털은 가볍고 튼튼하며 부드러워서 새들이 하늘을 날면서 돌거나 급히 방향을 바꿀 수 있다.

새의 부리는 가볍지만 매우 단단하고, 이는 없다.

## 새의 뼈

새의 뼈는 매우 가볍지만, 몸을 지탱하고 뇌, 폐, 심장 등 내장 기관을 보호한다. 날개와 다리에는 위 그림처럼 속이 빈 긴 뼈가 있다. 속이 빈 뼈는 새들이 날아오르려고 땅을 박찰 때나 하늘을 날 때 몸을 가볍게 한다.

새는 하늘을 날 때 꼬리 깃털로 방향을 바꾼다.

비둘기
Columba livia

새들은 위아래로 날갯짓을 하며 난다. 독수리, 알바트로스 같은 새들은 먼 거리를 글라이더가 나는 것처럼 활공한다. 벌새는 빠르게 날갯짓을 하며 어느 한 곳에 오랫동안 멈춰 있을 수 있다.

새의 다리는 그들의 조상인 파충류처럼 비늘이 있다.

## 새는 어떻게 나는가?

새는 비행 동물 중에서 가장 크고 빠르고 힘이 좋다. 몸이 부드럽고 유선형이어서 하늘을 쉽게 날 수 있고, 튼튼한 앞가슴 근육이 있어 날개를 퍼덕일 때 센 힘을 낼 수 있다. 새의 날개는 위쪽이 곡선이고, 끝 쪽으로 갈수록 평평해서 날 때 날개 위쪽은 기압이 낮고 날개 아래쪽은 기압이 높다. 그래서 아래쪽의 높은 기압이 새의 몸을 위로 밀어 올린다.

## 새의 부리

새들은 먹이를 잡을 때, 깃털을 다듬을 때, 둥지를 틀 때 부리를 사용한다. 부리의 모양과 크기는 어떤 먹이를 잡아먹는지, 어디에서 먹이를 찾는지에 따라 다양하다.

북미산솔잣새
Pinicola enucleator
곡식 등 식물의 씨를 먹는다.

쇠오색조
Megalaima viridis
식물의 열매와 곤충을 잡아먹는다.

아프리카삼광조
Terpsiphone viridis
곤충을 잡아먹는다.

호주긴부리새
Anhinga novaehollandiae
물고기를 잡아먹는다.

## 알과 새끼

모든 새는 알을 낳는다. 알 속에는 영양분이 있고, 딱딱한 알껍데기는 새끼를 보호한다. 공기가 알껍데기를 통과하여 안에서 자라는 새끼에게 이른다. 부모 새는 알을 따뜻이 품는다. 대부분의 새들이 알 속에 있을 때는 장님이고, 깃털이 없고, 힘도 없다. 그런데 오리처럼 알 속에서 오랜 시간을 보내는 새들은 알에서 나올 때 다른 새들보다 많이 자라 있다. 이 새끼 새들은 알에서 깨자마자 걸어 다닐 수 있고, 자신을 방어할 수 있다.

오리 새끼는 부리로 알껍데기를 원 모양으로 쪼아 부순다.

어린 새끼가 알에서 갓 나왔을 때는 깃털이 젖어 있다.

세 시간 안에 깃털이 뽀송뽀송하게 마르고, 걸어 다닐 수 있다.

# 새들의 서식지 *Where Birds Live*

새들은 세계 곳곳에 폭넓게 퍼져 살고 있다. 날 수 있어서 쉽게 이동할 수 있고, 다양한 먹이를 먹고, 날씨와 상관없이 체온을 일정하게 유지할 수 있기 때문이다. 외양간올빼미 같은 새들은 울창한 숲부터 작은 관목 숲에 이르기까지 서식지의 범위가 다양하다. 그러나 큰부리새(중앙아메리카와 남아메리카의 열대 우림에서만 사는 새) 같은 새들은 특정 지역에서만 서식한다. 어떤 새들은 한 서식지에서 죽을 때까지 지내기도 하고, 어떤 새들은 일 년 중 특정 시기에만 머물다가 다른 곳으로 이동한다. 자연적인 서식지뿐만 아니라 집, 공원, 정원 등 인공 서식지가 늘고 있다. 찌르레기나 참새 같은 새들은 사람들 가까이에서 새로운 서식지에 적응한 새들이다.

## 비슷한 새들

새들은 먹이와 서식지에 따라 다르게 진화했다. 아래 지도의 연한 녹색 부분은 초원 지대이다. 타조, 에뮤, 레아는 지역은 다르지만 환경이 비슷한 초원 지대에서 살며 적응해서 모습이 닮았다. 이러한 진화를 '수렴적 진화'라고 한다. 그러나 새들 사이에 연관성이 전혀 없는 수렴적 진화도 있다. 같은 과에 속하지는 않지만, 남아메리카의 큰부리새와 아프리카와 아시아에서 서식하는 코뿔새는 모습이 비슷하다.

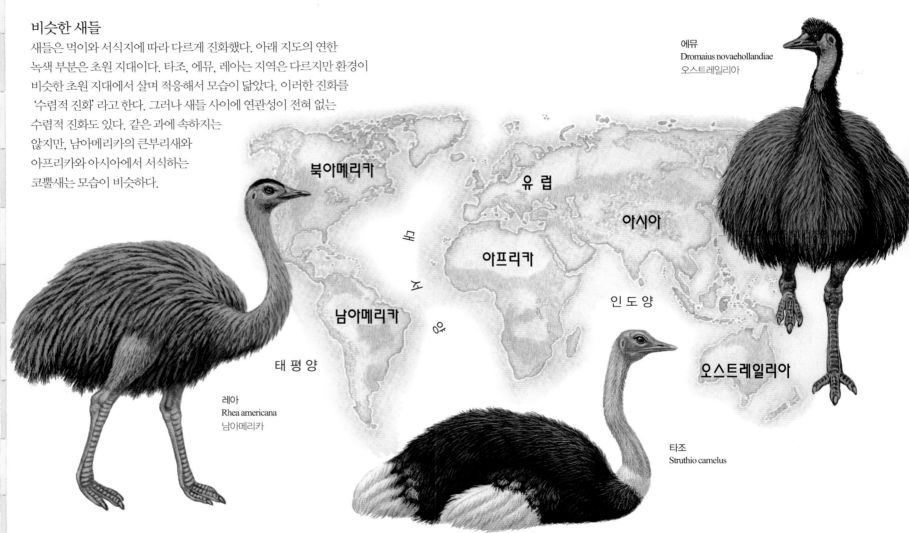

에뮤
Dromaius novaehollandiae
오스트레일리아

북아메리카

유럽

아프리카

아시아

남아메리카

인도양

태평양

오스트레일리아

레아
Rhea americana
남아메리카

타조
Struthio camelus

## 극 지역과 툰드라
남극과 북극은 엄청난 추위, 세찬 바람, 깜깜한 밤만 계속되는 긴 겨울 때문에 새들이 거의 살 수 없다. 그러나 북극 주변의 춥고 나무가 없는 지역인 툰드라에서는 여름에 섭금류(다리·목·부리가 길어서 얕은 물속을 걸어 다니며 물고기·곤충 등을 잡아먹는 새 종류), 오리 종류, 기러기 무리 등이 새끼를 낳아 기른다. 천적이 거의 없고, 먹이가 많고, 여름 내내 낮이 계속되기 때문이다.

## 침엽수림
소나무, 전나무, 가문비나무 같은 침엽수가 넓게 자라는 숲 지역인 '타이가'가 북아메리카, 유럽, 아시아 대륙 북쪽에 넓게 퍼져 있다. 대부분의 침엽수는 일 년 내내 지지 않는 바늘 같은 잎이 있다. 새들은 침엽수의 열매를 먹고 다른 곳으로 날아가 배설하여 나무의 씨를 퍼뜨린다. 타이가는 겨울에 너무 추워서 새들은 따뜻한 남쪽 지방으로 이동해야 한다.

## 낙엽수림
풀과 잎이 큰 낙엽수가 함께 자라는 낙엽수림은 침엽수림 지역보다 남쪽에 있다. 겨울이 다가오면 잎이 지는 참나무, 너도밤나무 같은 낙엽수는 일 년 내내 강수량이 많고 비교적 따뜻한 지역에서 자란다. 낙엽수림은 봄과 여름에 새들에게 풍부한 먹이와 번식지를 제공한다.

## 초원 지대
초원 지대는 매우 건조하고, 나무가 자라기에는 메마르고 거칠다. 화재가 자주 발생하지만, 풀들이 곧 다시 자라 식물의 씨와 곤충을 먹는 새들에게 풍부한 먹이를 제공한다. 아프리카의 사바나 같은 열대성 초원 지대는 오랫동안 비가 오지 않는 건기가 있고, 일 년 내내 기온이 매우 높다. 남아메리카의 팜파스 같은 온대성 초원 지대는 여름은 뜨겁고, 겨울은 춥고 길다.

## 섬에서 사는 새들의 진화

희귀한 새 종류가 하와이(아래 사진)와 갈라파고스 제도, 마다가스카르 같은 섬에 살고 있다. 이런 새들은 오랫동안 대륙과 떨어져 살아서 특이하게 진화했다. 1,500만~2,000만 년 전, 핀치와 비슷한 새 종류가 하와이 섬에 건너온 이후 섬에 이들과 경쟁하는 새가 거의 없어 '꿀새'(11쪽)라는 40여 종의 다른 새로 진화했다.

## 함께 살아가는 다른 종류의 새들

어떤 서식지에서는 여러 종류의 새들이 함께 살아간다. 낙엽수림처럼 먹이가 풍부한 서식지에서는 다양한 종류의 새들이 같은 나무에서 각각 다른 먹이를 먹고 다른 곳에 둥지를 튼다. 어떤 새들은 곤충을 잡아먹고, 다른 새들은 식물의 씨를 먹는 방식으로 다른 새들과의 경쟁을 피하면서 살아간다.

### 나무 꼭대기 근처

푸른박새, 숲솔새 등 작은 새들이 나뭇가지에 매달려 나뭇잎이나 나무껍질 속의 벌레를 잡아먹는다.

### 나무의 중간 근처

점무늬딱새 같은 새가 날아가는 곤충을 잡아먹으려고 나뭇가지에서 날아오른다. 딱따구리는 나무줄기나 가지에서 곤충을 찾고, 나무줄기에 구멍을 파서 둥지를 튼다.

### 나무 아래 근처

멧도요 같은 커다란 새가 먹이를 찾거나 둥지를 튼다. 이 새들은 대부분 나무 아래에 떨어진 나뭇잎으로 자신을 위장한다. 곤충을 잡아먹는 다른 작은 새들은 적으로부터 자신을 숨길 수 있는 우거진 수풀의 나뭇가지 사이를 깡충깡충 뛰듯 재빨리 날아다닌다.

숲솔새
Phylloscopus sibilatrix

푸른박새
Parus caerulus

오색딱다구리
Dendrocopus major

점무늬딱새
Muscicapa striata

멧도요
Scopolax rusticola

굴뚝새
Troglodytes troglodytes

## 산악에서 서식하는 새들

아시아의 히말라야 산맥(오른쪽), 남아메리카의 안데스 산맥, 유럽의 알프스 산맥 등은 새들에게 넓은 서식지를 제공한다. 산 아래쪽에는 온대림이, 산 위쪽에는 툰드라와 초원 지대가 함께 있다. 고도가 점점 높아져 어느 한계선에 이르면 너무 추워서 더 이상 나무가 자랄 수 없고, 눈과 얼음에 덮인 산꼭대기는 새들이 살 수 없다. 산새들은 추위와 세찬 바람, 희박한 산소 등을 이겨내며 살고 있다. 어떤 새들은 계절에 따라 산 아래위를 옮겨 다니며 산다.

### 관목 지대

지중해 연안과 미국 캘리포니아, 오스트레일리아 일부 지역에 덥고, 건조하고, 먼지가 많고, 거친 관목과 작은 나무들이 자라는 관목 지대가 있다. 더운 여름에는 씨나 곤충 같은 먹이가 풍부하지만, 겨울이 되면 일부 새들이 서늘하고 습한 곳을 찾아 날아간다. 많은 새들이 관목 지대를 통과하거나 이동한다.

### 사막 지대

지구 표면의 약 5분의 1을 차지하는 사막은 비가 거의 오지 않고 낮 기온이 너무 높다. 그래서 이곳의 새들은 뜨거운 낮에는 그늘에서 쉬거나 먹이와 물을 찾아 먼 거리를 날아간다. 북아메리카의 서부 사막, 아프리카의 사하라 사막, 칼라하리 사막, 나미브 사막, 오스트레일리아의 사막 등이 대표적인 사막들이다.

### 우림 지대

아메리카, 아프리카, 아시아 대륙의 적도 근처, 오스트레일리아 대륙에 있는 우림 지대는 일 년 내내 뜨겁고 비가 많이 온다. 이 지역은 지구 표면의 10% 미만을 차지하지만, 야생 동물 종의 반 이상이 살고 있다. 많은 종류의 새들이 햇볕이 잘 내리쬐어 따뜻하고 먹이도 많은 나무 꼭대기 근처 높은 곳에서 산다. 새들은 숲의 일정한 지역을 나누어 차지하며, 먹이도 나누어 먹는다.

### 강, 늪, 습지, 호수

왜가리, 오리, 기러기, 고니 등은 물고기, 곤충, 물풀이 많고, 둥지를 트는 갈대가 있는 습지에 모여 산다. 지금은 습지로 흘러들어가는 오염 물질 등이 새들을 위협하고 있다.

# 북극 지역 *The Arctic*

북아메리카 북부 끝 지역, 유럽, 아시아, 그린란드를 포함하는 북극 지역은 기후가 혹독해서 적은 종류의 새만 살고 있다. 그러나 그 주변에 얼음이 없는 낮고 평평한 툰드라 지대가 있어 지의류, 이끼, 풀, 작은 나무들이 자란다. 낮만 계속되는 여름 몇 달 동안 이 지역에 많은 새들이 날아와 둥지를 틀고 번식한다. 햇빛과 따뜻한 기온이 바다에서 사는 작은 식물과 동물성 플랑크톤의 발육을 도와 물고기에게 풍부한 먹이를 제공하고, 이 물고기는 수백만 마리의 갈매기, 바다오리, 제비갈매기 등에게 중요한 먹이가 되기 때문이다. 툰드라 지역에서 얼음이 녹으면 꽃들은 씨를 퍼뜨리고, 곤충들은 알에서 깬다. 겨울이 오기 전에 섭금류, 오리류, 기러기류와 작은 종류의 새들은 서둘러 식물의 씨나 곤충을 먹고, 알을 낳고 새끼를 기른다. 추위가 다가오면 좀더 따뜻한 남쪽 지방으로 날아간다.

## 흰올빼미

북극 툰드라 지역에서 작은 새, 쥐, 토끼 등을 사냥한다. 하루에 쥐 열 마리를 사냥할 때도 있다. 먹이가 풍부하면 더 많은 알을 낳고 더 많은 새끼를 기르지만, 먹이가 부족하면 둥지를 안 틀 때도 있다.

흰올빼미
Nyctea scandiaca
길이 : 68cm

흰올빼미 암컷은 수컷보다 크고, 검은 점무늬가 많다.

먹이를 운반하
주머니. 목구
늘려 만든다.

힘센 다리와 발톱으로 무거운 먹이를 공격하고 옮긴다.

여름 번식기가 되면 수컷의 깃털이 아름답게 변해 암컷을 유혹한다. 겨울에는 이 깃털이 옅은 빛깔로 바뀐다.

## 긴발톱멧새

여름 몇 달 동안 번식을 위해 북극 지역으로 이동한다. 툰드라 지역에는 나무가 없어서 수컷이 암컷을 유혹하거나 다른 경쟁자 수컷을 쫓아 버리기 위해 앉아 노래를 부를 만한 곳이 없다. 대신 바위 위에 앉아서, 아니면 하늘을 날면서 노래를 한다. 종종 천적을 막기 위해 여러 마리가 무리를 지어 둥지를 튼다.

긴발톱멧새
Calcarius lapponicus
길이 : 15cm

## 북극바다쇠오리

남극의 펭귄과 비슷한 방식으로 생활하고 먹이를 잡는다. 몸이 유선형이어서 헤엄을 잘 치고, 헤엄칠 때 날개는 배의 노처럼 사용한다. 피부 아래에 두꺼운 지방층이 있어 추위를 막는다. 수백만 마리가 여름에 북극 해안에서 새끼를 기르고 겨울에 남쪽으로 이동한다.

북극바다쇠오리
Alle alle
길이 : 20cm

## 북극긴꼬리오리

툰드라 지역에는 여름에 북극긴꼬리오리 수컷이 짝짓기를 하려고 부르는 요들송이 울려 퍼진다. 노랫소리가 스코틀랜드의 전통 악기인 백파이프(주머니 피리)의 소리와 비슷하다. 이 새는 물고기를 잡으려고 55m까지도 잠수할 수 있다. 얕은 물속에서는 주로 물고기, 조개, 진흙 바닥에 있는 작은 동물을 잡아먹는다.

암컷은 볼에 어두운 무늬가 있다.

수컷은 긴 꼬리 깃털이 있다.

북극긴꼬리오리
Clangula hyemalis
길이 : 47cm

수컷과 암컷의 여름 깃털은 주로 흰색 점무늬가 있는 갈색을 띤다. 겨울에는 반대로 갈색 점무늬가 있는 흰색 깃털이다.

툰드라 지역은 땅 표면 아래의 땅이 항상 얼어 있다. 그 위에 있는 얇은 흙층은 겨울에는 얼고 여름에는 녹는다. 땅 표면의 물이 모여서 호수나 습지를 이루면 물새들이 모여 물을 먹는다.

**지도 범례**

| | |
|---|---|
| 흰올빼미 | 북극긴꼬리오리 |
| 긴발톱멧새 | 지느러미발도요 |
| 북극제비갈매기 | 고니 |
| 북극바다쇠오리 | |

**지명**

보퍼트 해 / 추크치 해 / 빅토리아 섬 / 엘즈미어 섬 / 베핀 섬 / 배핀 만 / 그린란드 / 그린란드 해 / 아이슬란드 / 북극권 / 북극 해 (만년빙에 덮여 있다) / 젬랴프란차요시파 섬 / 스발바르 제도 / 바렌츠 해 / 카라 해 / 랍테프 해 / 유럽 / 아시아

북극제비갈매기
Sterna paradisaea
길이 : 38cm

수컷은 짝짓기 때가 되면 물고기를 잡아 암컷에게 선물한다. 알을 배는 암컷은 이 먹이로 영양을 보충한다.

## 북극제비갈매기

북극 지역의 여름에 새끼를 기르고, 가을이 다가오면 여름이 시작되는 남극 지역으로 약 20,000㎞나 이동한다. 그리고 봄이 되면 다시 북극 지역으로 이동한다. 천적을 쫓는 데 유리하도록 큰 무리를 지어 둥지를 튼다. 천적인 북극여우가 나타나면 폭격을 하듯 하늘에서 날아 내려가 북극여우의 머리를 부리로 쪼아 댄다.

## 고니

북극 지역에서 둥지를 틀고 번식한다. 겨울이 오면 미국, 일본, 한국, 중국, 유럽으로 먼 거리를 이동하여 겨울을 보낸다. 어린 새끼 고니는 태어나 석 달이 지나면 부모와 함께 이동할 수 있다. 암컷은 알을 물가 근처의 습한 땅 위나 이끼 등으로 엮은 둥지에 낳는다. 그리고 앞가슴 털로 알을 따뜻하게 감싸 품는다.

고니들은 부리의 노란색 무늬 모양이 서로 다르다.

고니는 수컷과 암컷의 모습이 거의 같다.

고니
Cygnus columbianus
길이 : 1.2m

## 지느러미발도요

다른 새들과는 반대로 암컷의 깃털이 수컷보다 더 화려하고, 짝짓기를 하는 동안 암컷이 주도권을 가진다. 그리고 수컷이 알을 품고 새끼를 돌본다. 새끼들은 알에서 깨어 3주쯤 지나면 자신을 방어할 수 있다. 북극 지역에 겨울이 오면 따뜻한 남쪽으로 이동한다.

지느러미발도요
Phalaropus lobatus
길이 : 18cm

수컷은 줄무늬로 위장한 새끼들을 보살핀다.

# 아메리카 *The Americas*

남아메리카에는 지구상에서 가장 다양한 새 종류가 살고 있다. 수천만 년 전에 다른 대륙에서 떨어져 나왔기 때문에 홀로 진화, 남아메리카쑥독새, 아메리카 타조인 레아, 나팔새처럼 다른 대륙에서는 발견되지 않는 새들이 살고 있다.

세계의 새 종류 중 절반 이상이 남아메리카의 열대 우림에서 번식하거나 이동을 통해 이곳을 지나간다. 이와는 대조적으로 북아메리카는 이 대륙에서만 관찰되는 특이한 종류의 새가 없고, 새들의 습성도 다양하지 않다. 도시와 농장이 많고, 기후가 매우 춥기 때문이다. 먹이와 은신처가 적어 많은 새들이 추운 겨울에는 중앙아메리카나 남아메리카로 이동해야 한다. 그리고 마지막 방하기 때 북아메리카의 새 종류 중 대부분이 멸종했거나 남아메리카로 옮겨갔다.

## 옮기이는 대륙

지구의 얇은 표면층은 거대한 판들로 이루어져 있다. 판 밑에는 뜨거운 죽이 있는데, 판들은 해저성층 위에 떠 있다. 지구 내부의 강력한 힘에 의해 대륙 같은 거대한 땅덩어리는 계속 움직인다.

### 약 2억 년 전
모든 대륙은 판게아라 부른 거대한 하나의 대륙이었다. 그런데 느린 속도로 점점 서로 떨어지게 되었다.

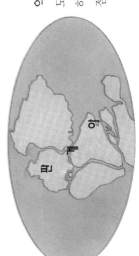

### 약 5,000만 년 전
북아메리카는 유럽과 아시아에서 떨어져 나오고 남아메리카는 하나의 대륙으로 있었다. 남아메리카의 새들은 다른 대륙의 새들과 섞이지 않았기 때문에 특이한 모습으로 진화했다.

### 약 300만 년 전
대륙들은 오늘날 지도에 있는 자리로 옮겨졌다. 남아메리카는 북아메리카와 이어졌다. 새들은 남아메리카와 북아메리카를 잇는 중앙아메리카를 통해 이동할 수 있었다.

판게아 / 인도 / 유럽 / 아시아 / 아프리카 / 오스트레일리아 / 북아메리카 / 남아메리카 / 남극 대륙

## 아메리카의 재미있는 새들

### 세계에서 가장 작은 새
쿠바벌새. 어른 수컷의 크기가 5.7cm밖에 안 된다.

쿠바벌새
*Calyptr helenae*

### 가장 느리게 나는 새
1미국벌새요. 한 시간에 8km쯤 난다.

### 가장 빨리 퍼진 새
1890년에 유럽에서 120마리쯤의 찌르레기가 미국 뉴욕에 있는데, 60여 년이 지나자 북아메리카 전체 지역에 퍼졌다.

### 가장 무거운 동물을 트는 새
힌머리수리. 둥지 하나의 무게가 약 2,000kg으로, 근용 지프로 두 대를 합친 것과 같다.

### 가장 깊이 잠수하는 새
북미산아비. 약 81m까지 잠수할 수 있다.

### 가장 빨리 달리는 새
로드러너. 한 시간에 29km쯤 달릴 수 있다.

로드러너
*Geococyx californianus*

## 기후와 지형

아메리카 대륙의 북쪽은 얼음으로 뒤덮인 북극 지역에, 남쪽은 남극 대륙에 이른다. 기후도 다양해서 상록수림, 낙엽 활엽수림, 건조한 초원, 습윤 열대 우림, 사막, 늪지 등 세계의 모든 서식지 형태가 있다. 그러나 로키 산맥과 안데스 산맥이 아메리카 대륙의 서쪽 지역을 따라 뻗어 있어 새들이 동부 지역과 서부 지역을 자유로이 이동할 수 없다.

북극 해

허드슨 만

5대호

베링 해

알래스카 만

열대 지방

미시시피 강

카리브 해 연안에서는 여름에 심한 폭풍이 발생해 북아메리카에서의 이동한 새들을 몰살을 줄어지게 한다.

# 남아메리카

중앙아메리카

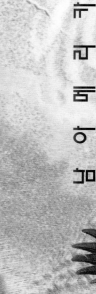

시다를 포함한 바닷새 종류가 남아메리카의 서부 해안에 둥지를 튼다. 사람들은 이 새의 배설물을 모아 비료로 쓴다.

칠레 가마우지

아마존 강

태 평 양

푸른 어치

섬

에콰도르에 있는 갈라파고스 제도

갈라파고스제도

에콰도르

에콰도르는 하와이와 함께 세계에서 가장 유명한 섬에 속하는 300여 종의 이상의 토착새 중 하나이다.

## 숲속

까마귀, 까치, 어치 같은 푸른 어치는 주로 북아메리카의 숲에 산다. 아메리카 대륙에는 30여 종의 어치가 산다.

안데스구안

안데스구안 같은 구안 종류의 새는 주로 중앙아메리카나 남아메리카의 숲에서 산다.

### 우림 지대

남아메리카 열대 우림 지역에만 서식하는 새는 근부리새를 포함하여 400여 종류가 있다. 토코투카노새가 가장 일반적인 새이다.

토코투카노새

## 강, 호수, 습지

북아메리카의 낮은가지에 앉을 수 있는 오리 종류는 물가 근처의 나무 구멍에 둥지를 튼다. 아메리카 대륙에 사는 대표적인 오리 종류는 휘파람오리, 쇠오리, 솜털오리, 검둥오리 등이 있다.

북미산원앙

## 초원

구멍파기올빼미는 아메리카 대륙의 초원이나 사막에서 살고 있다. 아메리카 대륙에는 낭장이올빼미를 포함해 600여 종의 올빼미가 살고 있다.

구멍파기올빼미

### 사막

큰딱새 종류는 한 종류만 빼고 모두 아메리카 대륙에서 살고 있다. 선인장딱새는 사막의 서식지를 좋아한다.

선인장딱새

## 아메리카 대륙의 자연 환경

### 새들의 종류

남아메리카에는 3,100종 이상의 새가 살고 있다. 콜롬비아만 해도 1,700종 이상이 번식하고 있다. 북아메리카에서 번식하는 새 종류는 650여 종뿐이다.

### 가장 큰 호수

북아메리카의 5대호 중 가장 큰 슈피리어 호수는 세계 민물 호수 중에서도 가장 크다.

### 세계에서 가장 긴 산맥

안데스 산맥, 남아메리카 서부에서 남북으로 7,250km 이상 뻗어 있다.

### 가장 긴 강

남아메리카에 있는 길이 7,062km의 아마존 강은 세계에서 가장 길다. 세계 민물의 5분의 1이 남부터 아마존 강을 통해 대서양으로 흘러든다.

### 세계에서 가장 높은 기온

북아메리카에 있는 데스밸리(죽음의 계곡), 여름 기온이 55°C를 넘는다.

### 세계에서 가장 오래 된 산맥

북아메리카 동부에 있는 애팔래치아 산맥, 약 2억 5천만 년 전에 이루어졌다.

### 세계에서 가장 높은 폭포

남아메리카 베네수엘라에 있는 앙헬 폭포(엔젤 폭포), 높이 979m.

## 아메리카에서 사는 주요 새

아래는 아메리카 대륙의 주요 서식지에서 살고 있는 대표적인 새들이다.

# 삼림 지대와 숲
## Forests and Woodlands

세계에서 가장 큰 상록수림이 캐나다를 동서로 가로질러 약 800km에 퍼져 있다. '보레아스 숲'으로 불리는데, 북풍을 막아 주는 그리스의 신 '보레아스'에서 비롯되었다. 소나무, 가문비나무 같은 침엽수의 씨, 싹, 잎은 북미산밀화부리나 검은방울새 같은 새들의 먹이이다. 그러나 겨울의 모질고 추운 날씨 때문에 대다수의 새들은 남쪽 지방으로 이동한다. 상록수림 지대에서 남쪽으로 가면 기후가 덥고 습한 삼림 지대가 있다. 이곳에는 참나무, 단풍나무, 호두나무, 히코리 같은 낙엽 활엽수가 많아 새들에게 다양한 먹이와 서식지를 제공한다.

### 흰머리수리

미국을 상징하는 흰머리수리는 짝짓기 때가 되면 암컷과 수컷이 서로 발톱을 움켜쥐고 공중에서 회전한다. 짝짓기를 끝내면 '아이리'라고 불리는 속이 빈 커다란 둥지를 튼다. 둥지는 나무 위나 암벽 위에 나뭇가지나 풀, 진흙으로 트는데, 여러 해 계속 사용하면서 해마다 보수를 한다.

머리 부분의 흰 깃털은 태어나 4년쯤 자라야 생긴다.

물고기가 독수리의 가장 일반적인 먹이이다.

흰머리수리
Haliaeetus leucocephalus
길이 : 81cm
편 두 날개 길이 : 최대 2.2m

낙엽 활엽수인 단풍나무는 겨울이 다가오면 잎이 붉은색과 노란색으로 물든다.

### 노랑배딱따구리

나무에 여러 개의 작은 구멍을 뚫은 뒤 나무 아래로 내려가 수액이 흘러내리기를 기다린다. 수액이 흘러내리면 솔처럼 생긴 혓바닥으로 핥아 먹는다. 끈적끈적한 수액에 걸려든 곤충도 잡아먹는다. 겨울에는 따뜻한 곳을 찾아 중앙아메리카나 카리브 해의 섬들로 이동한다.

노랑배딱따구리
Sphyrapicus varius
길이 : 21cm

딱따구리는 빳빳한 꼬리를 나무줄기에 바싹 붙여 몸을 고정시킨다.

코비들은 천적을 만나면 혼란시키기 위해 서로 다른 방향으로 날아 동료들이 도망칠 시간을 마련한다.

미국메추라기
Colinus virginianus
길이 : 25cm

### 미국메추라기

이 새는 번식기가 끝나면 15~30마리가 모여 '코비'라는 무리를 이룬다. 하나의 코비는 다른 코비로부터 자기들만의 영역을 지킨다. 밤이 되면 코비는 땅으로 내려가 원형으로 떼를 짓는다. 위험에 대비하려고 원의 바깥쪽 방향으로 머리를 향하고, 서로 몸을 대고 앉아 체온을 유지한다.

0 250 500 750 km

알래스카 만

태평양

북아메리카

그레이트 베어 호

그레이트 슬레이브 호

로키 산맥

| | |
|---|---|
| 노랑배딱따구리 | 미국홍관조 |
| 북미산쏙독새 | 흰머리수리 |
| 목도리들꿩 | 북미산지빠귀 |
| 미국메추라기 | |

리오그란데 강

## 밤의 사냥꾼 올빼미

올빼미는 짧고 둥근 날개로 나무 사이를 쉽게 날아다닐 수 있다. 눈이 크고, 머리를 쉽게 돌릴 수 있어 뒤쪽을 볼 수 있다. 대부분의 올빼미 종류는 청력과 시력이 좋아 먹이를 잘 잡는다. 둥근 얼굴이 레이더 접시 같은 역할을 하여 소리를 모아 귀로 전한다.

낚싯바늘처럼 날카롭고 휘어진 발톱과 힘센 다리로 먹이를 잡는다.

날개 깃털에는 공기의 흐름을 막을 수 있는 부드러운 잔 깃털이 있어 날갯짓을 할 때 나는 소리를 줄인다. 그래서 날 때 소리가 거의 나지 않는다.

뒤쪽 발가락은 먹이를 움켜잡기 쉽도록 앞뒤로 빠르게 움직인다.

숲속의 올빼미는 나뭇가지에 앉아 있다가 조용히 날아가 순식간에 들쥐 같은 먹이를 덮친다. 먹이를 머리부터 삼키는데, 뼈, 가죽, 깃털 등은 소화할 수 없어 덩어리 형태로 토해 낸다.

## 미국홍관조

다양한 목소리를 내는데, 암컷과 수컷이 서로 응답하듯이 차례로 소리를 낸다. 번식기에만 텃세권을 갖는 다른 새들과는 달리 이 새는 일 년 내내 다른 새들을 쫓아 내려고 소리를 낸다. 영어 이름인 '카디널'은 로마 카톨릭의 추기경이 입었던 붉은색 망토에서 비롯되었다.

목도리들꿩
Bonasa umbellus
길이 : 43cm

## 목도리들꿩

수컷은 봄에 종종 나무토막 위에 앉아 드럼을 치듯 날개를 퍼덕여 소리를 낸다. 이 소리는 숲을 지나 멀리 전해져 암컷을 유혹한다. 암컷은 미루나무에 둥지를 틀고, 버드나무에서 먹이를 먹으며 알을 품는다. 겨울에는 눈신발 역할을 하는 빗살 모양의 발톱이 자란다.

수컷은 암컷을 유혹하려고 날개를 퍼덕인다.

수컷은 암컷을 유혹하려고 꼬리를 부채 모양으로 펼친다.

수컷은 암컷보다 훨씬 화려하다.

수컷

암컷

미국홍관조
Cardinalis cardinalis
길이 : 22cm

북극해

어두운 깃털 색은 낙엽 사이에서 보호색이 된다.

허드슨 만

세인트 로렌스 강

대 서 양

5대호

애팔래치아 산맥

북미산쏙독새
Caprimulgus vociferus
길이 : 25cm

## 북미산쏙독새

낮에는 숲의 바닥에서 잠을 잔다. 깃털의 빛깔이 낙엽 빛깔과 같아 발견하기가 어렵다. 밤에는 입을 크게 벌리고 낮게 날아다니며 곤충을 잡아먹는다. 이 새는 쉬지 않고 울어댄다.

날카로운 시력으로 지렁이를 찾아낸다.

북미산지빠귀
Turdus migratorius
길이 : 25cm

## 북미산지빠귀

원래 숲속에 둥지를 트는데, 전원 주택가의 정원에도 잘 적응해서 집의 현관이나 집 근처 나무 위에도 둥지를 튼다. 주로 벌레를 잡아먹지만, 겨울에는 나무 열매를 좋아한다. 겨울에는 때때로 북쪽 침엽수림에서 수천 마리가 커다란 무리를 이루어 지내기도 한다.

# 서부 산악 지대
## *Western Mountains*

로키 산맥, 캐스케이드 산맥, 시에라네바다 산맥 같은 산악 지대는 새들에게 다양한 서식지를 제공한다. 산 아래쪽은 날씨가 따뜻하고 습해서 나무가 빽빽한 숲이 있고, 산 높이 올라갈수록 춥고 건조하여 풀들이 자라는 목초지가 있다. 더 올라가면 식물이 자랄 수 없거나 바위가 드러난 지역이 나타난다. 꼭대기는 얼음에 덮여 있다. 이런 곳에서는 독수리 같은 맹금류(다른 새나 짐승을 잡아먹고 사는 새)들이 상승 기류를 타고 하늘에서 활공하고 있다. 들꿩 같은 새는 경사가 급한 산악 지대에서도 살 수 있는데, 발가락과 가슴에 있는 털이 추위를 막는다.

**검독수리**
*Aquila chrysaetos*
길이 : 최대 1m
편 두 날개 길이 : 최대 2m

먹이의 살을 쉽게 찢을 수 있는 갈고리처럼 휘어진 힘센 부리

토끼 같은 먹이를 움켜쥐고 날 수 있는 강한 발톱

## 검독수리
검독수리는 하늘 높이 올라 활공하다가 날카로운 눈으로 작은 포유동물을 발견하면 바로 수직으로 내려가 갈고리처럼 휘어진 발톱으로 먹이를 낚아챈다. 먹이가 부족한 겨울에는 사슴 같은 큰 동물도 공격한다. 암벽의 바위틈이나 큰 나무 위에 나뭇가지를 물어다가 둥지를 튼다.

## 까치
곤충이나 작은 들쥐도 잘 먹는다. 소나 양의 등에 올라 이 동물들의 몸에 붙어사는 등에 같은 기생충을 잡아먹기도 한다. 단단한 나뭇가지, 진흙, 풀, 동물의 털 등으로 큰 둥지를 트는데, 가시가 많은 나뭇가지로 둥지를 틀어 천적으로부터 둥지를 보호하기도 한다.

**까치**
*Pica pica*
길이 : 50cm

몸보다 긴 꼬리

로키 산맥 아래쪽에는 넓은 낙엽수림이 있어 혹독한 날씨로부터 새들이 몸을 보호할 수 있는 은신처를 제공한다.

## 흰꼬리들꿩
눈 쌓인 겨울에 흰 깃털로 위장한다. 눈 위에 웅크리고 앉아 세차게 몰아치는 눈보라와 추운 산바람, 그리고 천적을 피하기도 한다. 여름 번식기가 되면 깃털이 낙엽색과 비슷한 갈색으로 바뀐다. 털 빛깔을 바꾸는 것은 암컷이 알을 품는 동안 천적으로부터 자신을 숨기기 위해서이다.

**흰꼬리들꿩**(흰꼬리뇌조)
*Lagopus leucurus*
길이 : 32cm

## 미국박새
봄과 여름에 숲속에 둥지를 틀고 살다가 추운 겨울이 오면 따뜻한 산 아래쪽 계곡으로 이동한다. 그리고 숲올새나 때까치 등 작은 새들과 무리를 지어 먹이를 찾아 계곡의 숲속을 돌아다닌다.

**미국박새**
*Parus gambeli*
길이 : 15cm

미국박새는 가문비나무 같은 침엽수에서 씨를 따 먹고 곤충 등을 잡아먹는다.

발에도 깃털이 있어 추위를 막는다. 눈신발 같은 발가락은 발이 눈에 빠지지 않게 해 준다.

# 사막 *Deserts*

미국 남서부의 뜨겁고 건조한 사막은 비가 거의 오지 않아 이곳에 사는 새들은 필요한 물을 식물의 씨나 다른 동물, 수액이 있는 선인장 등에서 얻는다. 가시가 있는 선인장은 많은 새들의 둥지를 보호한다. 특히 서과로 선인장은 무척 커서 새들이 그 줄기 속에 둥지를 틀 수 있다. 선인장 속은 훨씬 시원해서 뜨거운 햇볕으로부터 새들을 지켜 준다. 그리고 그레이트베이슨 사막에서 많이 자라는 산쑥나무는 새들에게 지방을 보충시켜 주는 중요한 먹이이다.

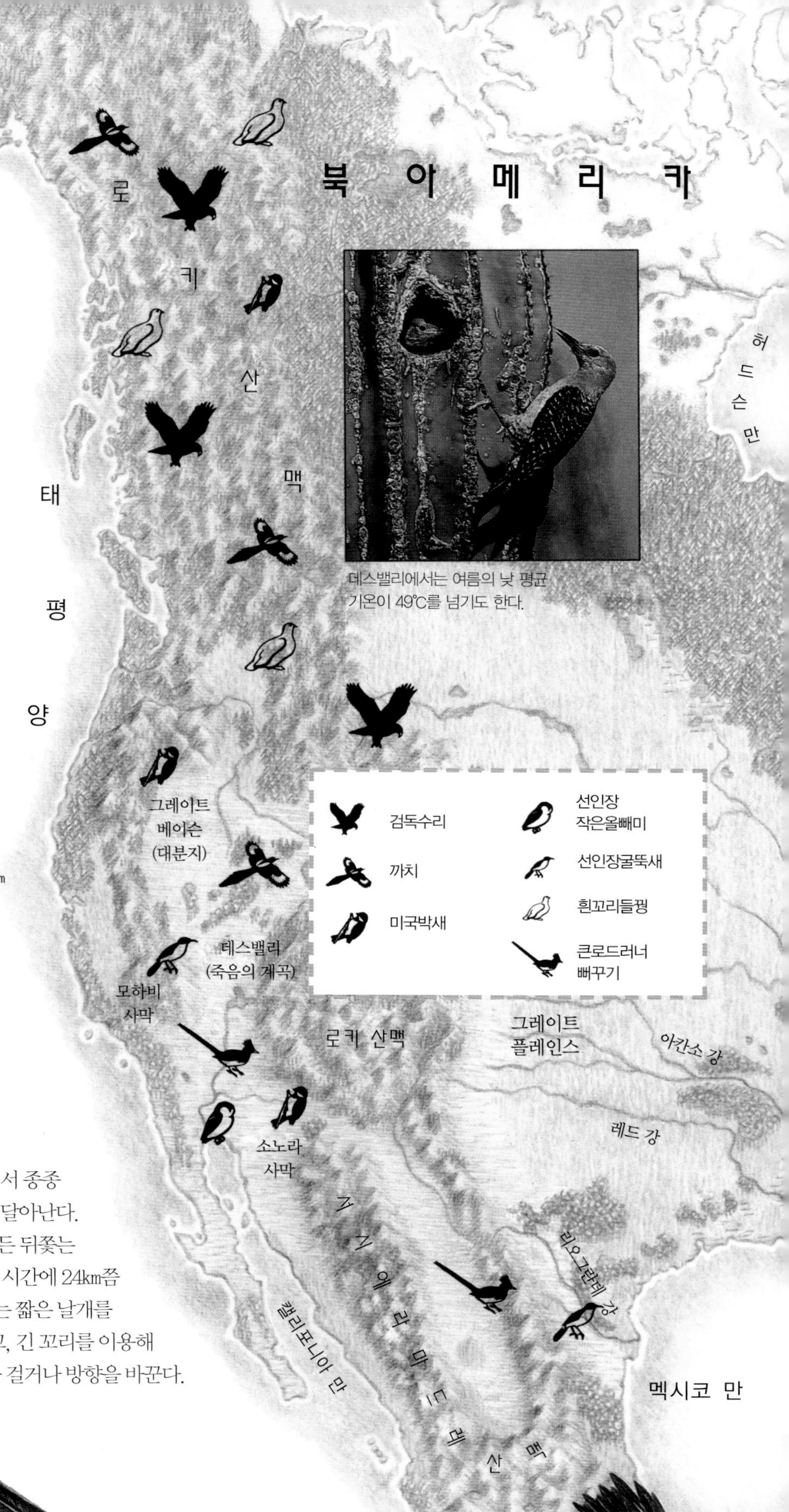

알래스카 만
북 아 메 리 카
로 키 산 맥
태 평 양
허 드 슨 만
그레이트 베이슨 (대분지)
데스밸리 (죽음의 계곡)
모하비 사막
로키 산맥
그레이트 플레인스
아칸소 강
레드 강
소노라 사막
시 에 라 마 드 레 산 맥
캘리포니아 만
리오그란데 강
멕시코 만
0 200 400 600 km
검독수리
까치
미국박새
선인장 작은올빼미
선인장굴뚝새
흰꼬리들꿩
큰로드러너 뻐꾸기


데스밸리에서는 여름의 낮 평균 기온이 49℃를 넘기도 한다.

## 선인장굴뚝새

아메리카 굴뚝새 중 가장 큰 종류이다. 다른 굴뚝새 종류와 비슷하게 둥지를 여럿 튼다. 가시가 많은 선인장이나 유카나무, 머스키트나무 위에 튼 이 둥지들은 터널 같은 출입구가 있는 돔 모양이다.

선인장굴뚝새
*Campylorhynchus brunneicapillus*
길이 : 21㎝

## 큰로드러너뻐꾸기

땅 위에서 사는 뻐꾸기 종류이다. 길가에서 종종 관찰되는데, 위험을 느끼면 재빨리 뛰어 달아난다. 그리고 움직이는 것이 있으면 어떤 것이든 뒤쫓는 버릇이 있다. 길고 힘센 다리로 한 시간에 24㎞쯤 달릴 수 있다. 속도를 낼 때는 짧은 날개를 퍼덕여 추진력을 얻고, 긴 꼬리를 이용해 멈출 때 제동을 걸거나 방향을 바꾼다.

선인장작은올빼미
*Micrathene whitneyi*
길이 : 15㎝

## 선인장작은올빼미

세계에서 가장 작은 올빼미 종류로, 어른 손바닥 반 정도 크기이다. 주로 밤에 사냥을 하며, 땅에 있는 곤충을 잡아먹는다. 전갈을 잡아 먹기도 하는데, 먹기 전에 전갈의 독침 부분을 잘라 낸다. 뜨거운 햇볕을 피하려고 낮에는 다른 새들이 큰 선인장에 파 놓은 구멍에서 쉰다. 적에게 잡히면 죽은 척하여 위험이 사라지기를 기다린다.

식성이 매우 좋아서 도마뱀, 들쥐, 곤충, 작은 방울뱀까지 잡아먹는다.

큰로드러너뻐꾸기
*Geococcyx californianus*
길이 : 60㎝

# 강, 호수, 습지
## Rivers, Lakes and Swamps

북아메리카의 강, 호수, 습지는 새들에게 다양한 먹이와 번식지를 제공한다. 남동부의 플로리다 소택지 (늪과 못으로 둘러싸인 낮고 습한 땅)와 미시시피 강 삼각주 같은 습지에는 '사이프러스침엽수' 에 식물의 덩굴이 엉켜 있거나 이끼, 난초 등이 무성하게 자라고 있다. 북아메리카에는 못과 호수가 많다. 땅이 얼음에 의해 깎여 나가 생긴 구덩이에 물이 괸 호수도 있고, 거대한 지구 표면 운동에 의해 생긴 호수도 있다.

날 때는 목을 쭉 편다.

흑옥새의 날깨 끝

### 아메리카흰두루미

멸종 위기를 맞고 있는 새이다. 1940년대에는 많이 죽임을 당했지만, 지금은 보호되고 있어 수가 늘었다. 캐나다 북서부에서 둥지를 틀고 번식하지만, 겨울이 되면 미국 텍사스 주처럼 따뜻한 남쪽 지방으로 이동한다. 영어 이름 '후우후우 우는 두루미' 는 트럼펫 소리 같은 큰 울음소리에서 비롯되었다.

아메리카흰두루미
Grus americana
길이 : 1.3m

### 검은부리아비

호수나 강에서 81m까지 잠수할 수 있다. 다리가 몸통 뒤쪽에 붙어 있어 잠수할 때 물을 뒤로 밀기에 편리하지만, 땅 위에서는 잘 걷지 못한다. 가끔씩 슬픈 울음소리나 요들송 같은 소리를 낸다. 밤중에는 으스스한 울음소리를 내기도 한다.

검은부리아비
Gavia immer
길이 : 90cm

겨울

여름

겨울 깃털은 여름 깃털보다 훨씬 덜 화려하고, 옅은 빛깔을 띤다.

**범례 (일러스트)**
- 진홍깃털저어새
- 북미산호반새
- 아메리카흰두루미
- 등푸른해오라기
- 뱀가마우지
- 검은부리아비
- 달팽이잡이솔개

북미산호반새
Megaceryle alcyon
길이 : 33cm

암컷은 가슴과 옆구리에 밤색 깃털이 있다.

단단하고 날카로운 부리로 물고기를 잡는다.

### 북미산호반새

물 위를 날다가 물고기가 보이면 부리를 물 쪽으로 향하고 쏜살같이 내려간다. 먹이를 잡으려고 물 표면을 갑자기 공격하기도 한다. 이 새는 자라면서 떨리는 듯한 울음소리를 낸다. 암컷은 물가 근처의 흙벽에 긴 구멍을 뚫고 알을 낳는다.

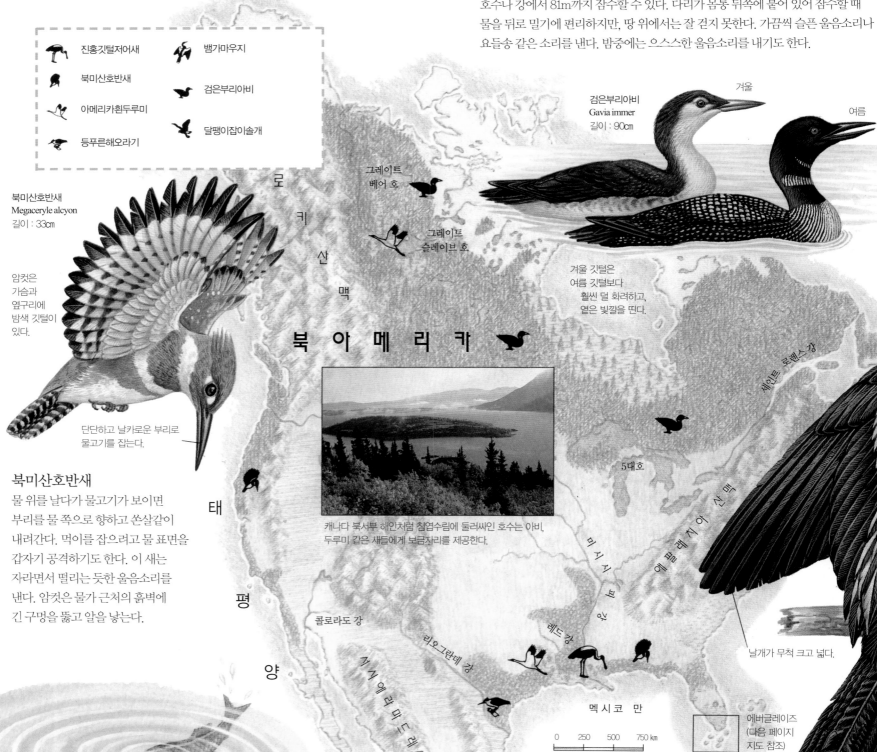

로키산맥

그레이트 베어 호

그레이트 슬레이브 호

북 아 메 리 카

세인트 로렌스 강

5대호

태평양

애팔래치아 산맥

미시시피 강

콜로라도 강

리오그란데 강

레드 강

멕시코 만

캐나다 북서부 해안처럼 침엽수림에 둘러싸인 호수는 아비, 두루미 같은 새들에게 보금자리를 제공한다.

날개가 무척 크고 넓다.

에버글레이즈
(다음 페이지 지도 참조)

0    250    500    750 km

# 에버글레이즈 *The Everglades*

남부 플로리다에 있는 열대성 습지 에버글레이즈는 이동 중인
새들에게 휴식처를 제공한다. 여러 종류의 풀이 자라는 이 습지에는
'습지 수림 지대' 라는 나무들로 이루어진 섬들이 있다. 해안에는
홍수로 떠내려 온 진흙 등이 쌓여 만들어진
'홍수림 지대' 가 있다.

소택지

멕시코 만

플로리다 만

대 서 양

플 로 리 다 키 스 ( 제 도 )

0  10  20  30 km

습지에 있는 나무 섬들은 땅보다 조금 위쪽에 생긴다.

## 달팽이잡이솔개

물에서 사는 사과달팽이라는 달팽이만 먹고 산다. 넓고 큰 날개를 퍼덕이며
습지 주위를 천천히 날아다니다가 달팽이를 발견하면 재빨리 날아가 발톱으
로 잡아 나뭇가지로 가서 먹는다. 껍데기를 깨지 않고도 갈고리처럼
휜 발톱으로 속을 꺼내 먹을 수 있다. 소택지에서 사는데,
멸종 위기를 맞아 지금은 보호되고 있다.

길고 휜 윗부리

달팽이잡이솔개
(에버글레이드 솔개)
Rostrhamus sociabilis
길이 : 46cm

수컷은 다리가 붉고,
암컷과 어린 새끼는
다리가 오렌지빛이다.

진홍깃털저어새
Ajaia ajaja
길이 : 81cm

끝이 둥근
부리가
숟가락
같다.

## 진홍깃털저어새

번식을 위해 저어새 무리가 모여 있는
모습은 습지에서 가장 흔한 광경이다. 암컷과 수컷이
작은 나뭇가지를 주고받거나 부리를 서로 부딪치면서
구애한다. 먹이를 잡을 때는 감각이 예민한 부리를 벌리고
물을 좌우로 젓다가 물고기 같은 먹이가 들어오면 부리를
재빨리 찰칵 닫는다. 전에는 깃털이 모자 장식품으로
사용되어 많이 사냥되었는데, 지금은 보호되어 수가
늘고 있다.

암컷은 목과 가슴이
황갈색이다.

햇볕에 물기를
말리려고 크고 넓은
날개를 활짝 편다.

귀는 머리
옆쪽에
있다.

## 등푸른해오라기

조심성이 많아서 주로 밤에 먹이를 찾고,
낮에는 물가의 풀숲에 숨어 있다.
사람이 사는 농촌 지역에서도 살 수
있도록 잘 적응했다. 길고 단단한 부리로
물고기 같은 작은 동물을 잡고, 때로는
먹이를 쫓아 잠수하기도 한다.

## 뱀가마우지

뱀처럼 머리와 목만 물 위로 내놓고
헤엄쳐서 '뱀새' 로도 불린다. 깊이 잠수해서
날카로운 부리로 물고기를 찌른다. 부리 가장자
리가 톱니 같아서 물고기가 달아나지 못한다. 물
위로 나와 물고기를 통째로 삼킨다.

긴장하면 머리에
있는 볏 모양의
깃털이
솟는다.

뱀가마우지
Anhinga anhinga
길이 : 91cm

종종 물가 근처의
나뭇가지에 앉아
조용히 먹이를
기다린다.

등푸른해오라기
Butorides striatus
길이 : 48cm

# 중앙아메리카와 카리브 해 연안
## Central America and the Caribbean

중앙아메리카는 남북아메리카를 잇는 곳이기 때문에 두 대륙에 있는 많은 새들이 섞여 있다. 서부 해안의 건조한 초원, 중앙 산맥 지대의 풀밭, 동부 해안 지대의 우거진 열대 우림, 습지 등 자연 조건도 다양해서 여러 새들이 살고 있다. 카리브 해의 섬들은 튼튼한 날개로 대륙에서부터 먼 거리를 날아온 새들과 센 바람 때문에 우연히 날아온 새들이 있다. 섬들이 고립되어 있어 여러 특이한 새들이 진화했는데, 토디새 종류는 유일하게 이곳에서만 서식한다.

수컷은 머리에서 꼬리까지 눈부시게 아름다운 깃털이 있다.

암컷은 화려하지도 꼬리가 길지도 않다.

### 긴꼬리케찰
중앙아메리카에서 마야 문명과 아스텍 문명을 일으킨 고대인들은 희귀한 케찰을 숭배했다. 케찰은 숲속에서 식물의 열매나 곤충을 찾아 먹는다. 수컷은 암컷을 유혹하는 긴 꼬리가 있다.

긴꼬리케찰(장식비단날개새)
Pharomachrus mocinno
길이 : 36cm

방에 길을 찾기 위한 크고 예리한 눈

| | |
|---|---|
| 아래긴부리제비갈매기 | 세가락수염방울새 |
| 기름쏙독새 | 푸에르토리코토디 |
| 오로펜돌라 | 긴꼬리케찰 |
| 태양해오라기 | |

수컷은 해마다 번식기에 새로운 꼬리 깃털이 나는데, 길이가 약 60cm에 이른다.

북 아 메 리 카

아칸소 강

레드 강

토 키 산 맥

시에라마드레 산맥

멕시코 만

바하마

쿠 바

대 앤 틸 리 스 제 도

자메이카

대 서 양

히스파니올라

푸에르토리코

카 리 브 해

과들루프 섬

기름쏙독새
Steatornis caripensis
길이 : 48cm

### 기름쏙독새
어린 기름쏙독새는 출생 후 몸에 지방이 많아지는 넉 달까지는 날지 못한다. 사람들이 이 새를 잡아 지방으로 기름을 짜서 이름이 기름쏙독새가 되었다. 주로 동굴에서 사는데, 소리를 내서 어둠 속에서 길을 찾는다. 소리가 동굴 벽이나 다른 물체에 부딪쳐 되돌아오는 시간을 재서 물체가 있는 곳을 알아 피해 간다. 밤에는 동굴에서 나가 식물의 열매를 먹는다. 예민한 후각과 시각으로 먹이를 찾는다.

작고 약한 다리와 발가락

중앙아메리카

파나마 만

태 평 양

오리노코 강

소앤틸리스 제도

네그로 강

안데스 산맥

남 아 메 리 카

0  200  400  600 km

둥지는
길이가 1m쯤
되고, 나무에
달려 있다.

## 오로펜돌라
무리를 지어 살고, 한 나무에
백여 개의 둥지를 튼다.
천적으로부터 알과 새끼를
보호하는 데 유리하기 때문이다.
수컷은 암컷을 유혹하기 위해 나뭇가지에서
거의 떨어질 정도로 몸을 기울이고 날개를
퍼덕이면서 계속 울음소리를 낸다.

오로펜돌라
Psarocolius decumanus
길이 : 43cm

입을 아주 크게 벌리고
식물의 큰 열매를 삼킨다.

## 세가락수염방울새
수컷은 1km 떨어진 곳에서도 들릴 정도로
큰 소리를 내면서 암컷을 유혹한다.
둥지를 틀고 알을 낳고 새끼를 기르는
암컷은 둥지에 앉아 있는 동안 자신을
숨기려고 깃털 빛깔이
어두워진다.

수염은 부리
꼭대기와 입
양쪽 끝에
달려 있다.

세가락수염방울새
Procnias tricarunculata
길이 : 30cm

나뭇가지에 앉아
있을 때는 머리를
항상 당기고 있다.

길고 곧은 부리로
곤충을 잡는다.

## 태양해오라기
해가 질 무렵의 태양 빛깔을 띠어 이런 이름이 붙었다. 짝을 유혹할 때는
노란색과 오렌지색이 있는 날개 깃털을 활짝 편다. 번식기가 끝나면
깃털이 어두운 빛깔을 띠어 숲속의 시냇가 둑에서 먹이를 찾을 때
잘 보이지 않는다. 길고 날카로운 부리로 물고기, 곤충,
개구리 등을 잡아먹는다.

## 푸에르토리코토디
숲속에서 사는데, 나뭇가지에
앉아서 날아오는 곤충을 낚아채 먹는다.
날 때는 통풍기가 도는 듯한 날개 소리를
낸다. 번식기에는 물총새와 비슷하게
부리로 둑의 흙벽에 작은 구멍을 파서
둥지를 튼다. 카리브 해 연안에는
이 새 종류가 네 가지이다.

푸에르토리코토디
Todus mexicanus
길이 : 10cm

태양해오라기
Eurypyga helias
길이 : 46cm

짝을 유혹할 때는 날개를
활짝 편다.

아래긴부리제비갈매기
Rhynchops niger
길이 : 50cm

빽빽한 밀림은 남아메리카 열대 우림의 특징이다.

아마존 강

타파조스 강

## 아래긴부리제비갈매기
아랫부리가 윗부리보다 3분의 1쯤 길다. 먹이를 찾으려고
물 바로 위를 날면서 아랫부리를 물속에 넣고 마치 쟁기로 땅을
파듯이 훑어간다. 아랫부리에 작은 물고기나 연체동물이
부딪치면 윗부리를 닫아서 잡는다.

# 아마존 열대 우림
## The Amazon Rainforest

아마존 열대 우림 지역은 서쪽의 안데스 산맥부터 동쪽의 대서양에 이르기까지 넓게 퍼져 있다. 전 세계 새 종류의 5분의 1쯤이 이곳에서 살고 있다. 강수량, 토양 등이 다른 다양한 서식지가 있기 때문이다. 새들은 나무의 각각 다른 층에서 산다. 층마다 도달하는 햇빛의 양이 달라 새들의 먹이도 서로 다르다. 큰부리새 같은 새는 나무 꼭대기 근처에서, 앵무새 같은 새는 중간층에서, 큰 새들은 숲 아래쪽에서 산다.

## 퀴비큰부리새

부리가 길어 나무 열매나 씨를 쉽게 따 먹을 수 있다. 톱처럼 생긴 부리 가장자리로 나무 열매를 톱질하듯 잘라 먹는다. 곤충, 거미, 작은 새들도 잡아먹는다. 부리는 속이 비어 있어서 보기보다 아주 가볍다.

퀴비큰부리새
Ramphastos cuvieri
길이 : 50cm

## 진홍큰앵무

해가 뜨면 먹이를 찾아 아주 시끄럽게 울면서 숲속을 날아다닌다. 먹이를 먹을 때는 조용하다. 나뭇가지에 앉을 때는 앞쪽 발가락 두 개와 뒤쪽 발가락 두 개로 나뭇가지를 꽉 움켜잡는다.

힘센 부리로 껍질이 단단한 나무 씨나 딱딱한 나무 열매를 으깰 수 있다. 나뭇가지에 앉아 부리로 깃털을 다듬기도 한다.

진홍큰앵무
Ara macao
길이 : 85cm

다리가 짧아 균형을 잡기 쉽다.

## 안데스바위새

수컷은 암컷을 유혹하려고 공중으로 뛰거나 머리를 위아래로 흔들고, 부리를 가볍게 부딪쳐 잘깍잘깍 소리를 내면서 날개를 부채처럼 펼친다. 스물다섯 마리쯤 모여 암컷을 유혹하는데, 수컷은 각각 자기의 영역이 있다.

안데스바위새
Rupicola rupicola
길이 : 32cm

암컷은 수컷과는 달리 깃털이 황갈색이어서 몸을 숨기기가 쉽다.

수컷은 암컷을 유혹할 때 볏을 앞쪽으로 활짝 펴서 부리가 거의 보이지 않는다.

수컷들이 모여 암컷들을 유혹하는 몸짓을 하는 숲속 바닥을 '레크' 라고 한다.

대 서 양

오리노코 강

아 마 존
열 대 우 림

베 그 로 강

아마존 강

아마존 강

0  200  400  600 km

# 남 아 메 리 카

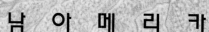

| | |
|---|---|
| 부채머리깃털독수리 | 흰털개미새 |
| 낫부리벌새 | 진홍큰앵무 |
| 호아친새 | 안데스바위새 |
| 퀴비큰부리새 | |

열대 우림의 새들 대부분이 밝은 빛깔을 띠고 있지만, 나뭇잎이 우거져 햇빛이 많이 들지 않는 숲속에서 새들을 찾기는 쉽지 않다.

태 평 양

티티카카 호

나무에 앉을
때는 앞뒤쪽
발가락 두 개로
나무를 꽉 붙잡는다.

큰부리새는 무리를 이루어 사는데, 종종
놀이를 한다. 부리로 레슬링을 하기도 하고,
나무 열매를 주고받기도 한다.

힘세고 갈고리처럼 휜 부리로
먹이의 살을 찢어 먹는다.

발톱이 단단하고 날카로워
먹이를 움켜쥐거나 으스러
뜨릴 수 있다.

부채머리깃털독수리는
열대 우림에서 사는
카푸친원숭이나 주머니쥐,
긴코너구리 같은 작은
포유동물을 사냥한다.

아마존은 세계에서 가장 큰 열대 우림 지대이다. 넓이가
미국의 4분의 3 정도인데, 빠른 속도로 훼손되고 있다.

## 부채머리깃털독수리

크고 무서운 이 새는 나무 꼭대기
위를 천천히 날면서 먹이를 찾는다.
한 시간에 약 80km를 날 수 있다.
깃털이 어두운 빛깔이어서 먹이를
사냥할 때 몸을 숨기기가 쉽다. 암컷과
수컷이 함께 나뭇가지들을 물어다가
나무 위에 둥지를 튼다.

부채머리깃털독수리
Harpia harpyja
길이 : 1.1m

## 낫부리벌새

벌새는 1초에 100번쯤 날갯짓을 하는데,
이때 나는 소리가 벌이 날 때 나는 소리 같아서
붙여진 이름이다. 낫부리벌새는 부리가 길고
휘어져서 꽃 속에 있는 꿀을 찾기 쉽다.
혀는 빨대 같아서 꿀을 빨아 먹기에 좋다.
먹은 꿀은 쉽게 소화되어 에너지를 보충해
주고, 체온을 따뜻하게 유지시켜 준다.

낫부리벌새
Eutoxeres aquila
길이 : 13cm

흰털개미새
Pithys albifrons
길이 : 11cm

## 호안친새

날개가 약해서 열대 우림의 둑 위를 조용히 걷거나 엉성하게
날갯짓을 하면서 다닌다. 다리도 약해서 나무 위로 올라갈 때는
날개와 꼬리를 함께 사용한다. 무리를 지어 이동하고, 함께
둥지를 튼다. 둥지는 물가에 나뭇가지를 대충 쌓아
튼다. 새끼는 알에서 깨면 천적 등의 위험을
피해 곧장 물가로 뛰어간다.

## 흰털개미새

이름과는 달리 이 새는 개미를 잡아
먹지 않는다. 병정개미들을 쫓아다
니면서 이 개미들이 공격하는 거미
나 곤충 등을 잡아먹는다. 먹이를
가로채서 나뭇가지 위로 옮겨
먹는다. 긴 다리는 병정개미의
침으로부터 몸을 보호한다.

호안친새
Opisthocomus hoazin
길이 : 66cm

숲속 바닥에서 무리지어
이동하는 개미들의 행렬

호안친새 새끼는 날개가
꺾이는 부분에 두 개의
작은 발톱이 있어서
나뭇가지를 꽉 잡을 수 있다.

# 안데스 산맥 *The Andes*

남아메리카 서부 해안 전체에 뻗어 있는 안데스 산맥은 세계에서 가장 긴 산맥이다. 산맥 동쪽에 있는 새들과 서쪽에 있는 새들이 다르다.

식물이 종류도 달라서 서식지가 다양하다. 산 아래쪽의 경사가 완만한 곳에는 열대 우림이 있고, 위쪽으로 올라갈수록 건조 지대 숲과 초원 등이 있으며, 산꼭대기 부근은 얼음에 덮여 있다. 산꼭대기 부근의 경사가 심한 곳은 너무 추워 이곳에서 사는 별새 종류들은 밤에 반쯤 동면 상태에 이른다. 체온이 서서히 낮아지게 함으로써 에너지의 손실을 줄이기 위해서이다.

## 큰타가오리

안데스 산맥에서 시작된 물살이 빠른 강과 시냇에 산다. 발톱이 날카롭고 다리 힘이 세서 물가의 미끄러운 바위에서도 잘 서 있을 수 있다. 뻣뻣한 꼬리는 물속에서 균형을 잡거나 방향을 바꿀 때 쓰인다. 먹이를 잡으려고 잠수하기도 하고, 물에 떠다니는 먹이를 먹기도 한다. 새끼들은 알에서 깨자마자 부모와 함께 헤엄을 칠 수 있다.

몸이 유선형이어서 물속에서 빠르게 헤엄칠 수 있다.

**큰타가오리(산오리)**
*Merganetta armata*
길이 : 46cm

## 안데스콘도르

맹금류 중에서 가장 몸이 무거운 맹금 독수리의 일종이다. 몸무게가 약 14kg이나 된다. 최고 7,000m 상공까지 날개를 쭉 펴고 날아오른다. 시력이 아주 좋아 높은 하늘에서도 죽은 동물을 발견할 수 있고, 썩은 고기나 상처 입은 동물을 공격하기도 한다. 바깥쪽에 있는 바닷새의 번식지를 공격하여 알과 새끼를 먹기도 한다.

**안데스콘도르**
*Vultur gryphus*
길이 : 1.1m
편 두 날개 길이 : 최대 3m

머리에 털이 나지 않아 동물의 사체를 파먹을 때 깃털이 피로 더럽혀지지 않는다.

콘도르는 날개가 아주 길다.

## 칼부리벌새

꽃 비료 앞에서 정지 비행을 하며 먹이를 먹는다. 이때 깃털에 묻은 꽃가루가 다른 꽃에 가 옮겨 가루받이(식물에서 수술의 꽃가루가 암술머리에 붙어 열매를 맺는 것)를 돕는다. 안데스 산맥에 있는 꽃의 절반 정도가 곤충이 아닌 별새에 의해 가루받이가 이루어진다.

**칼부리벌새**
*Ensifera ensifera*
길이 : 7.5cm
부리 길이 : 10.5cm

부리가 길어 트럼펫처럼 생긴 꽃 속에 들어갈 수 있다.

안개에 덮인 열대 우림 지역이 안데스 산맥 아래 동쪽에 펼쳐져 있다.

750 km
500
250
0

# 팜파스 *The Pampas*

레아는 아프리카의 타조와 매우 비슷하게 생겼지만, 타조는 날지 못하는 대신 발하나에 발가락이 둘, 레아는 셋이 있다. 레아는 날지 못하는 대신 땅위를 다리로 빨리 달려 한 시간에 50km나 달릴 수 있다. 번식기가 되면 수컷은 뒷발톱을 가지고 싸우고 서로 암컷을 차지하려고 싸움을 벌인다. 여러 암컷이 한 수컷의 둥지에 알을 낳고, 수컷이 알과 새끼를 돌본다.

레아
*Rhea americana*
길이:1.5m
키:1.3m

## 카라카라매

크기가 달라진 맹금류이다. 대부분의 매들이 둥지를 틀지 않고 땅에 알을 낳는 것과는 달리 이 새는 둥지가 있다. 먹이는 작은 포유동물, 새, 물고기, 개구리에서부터 곤충과 죽은 동물의 고기에 이르기까지 다양하다. 가끔 무리를 이루기도 한다. 평소에는 느리고 게으르지만, 위험이 닥치면 재빨리 움직인다.

필요하면 재빨리 달릴 수 있는 긴 다리

카라카라매
*Polyborus plancus*
길이 : 60cm

## 구멍파기올빼미

올빼미는 대부분 밤에 활동하지만, 구멍파기올빼미는 종종 낮에도 활동한다. 다른 동물이 파 놓고 쓰지 않는 진흙 굴에서 살며, 굴 입구 주변에서 많지 않은 시간을 보낸다. 위험을 느끼면 머리를 위아래로 흔들면서 시끄러운 소리를 낸다. 긴 다리로 땅바닥을 빠르게 달려 곤충이나 작은 파충류 등을 잡아먹는다.

빨리 달려 천적으로부터 도망칠 수 있도록 발에 든든한 발가락이 셋씩 있다.

구멍파기올빼미
*Athene cunicularia*
길이 : 25cm

굴을 공짜로 X해준 X동물들을...

풀이 넓이 덮인 대초원인 팜파스는 아르헨티나 남동부에 있다.
팜파스의 기후는 여름에는 덥고 겨울에는 서늘하고 건조하다.
때때로 번개가 마른 풀에 화재를 일으키기도 한다.
새들은 경작지를 만들려고 봄을 놓기도 한다. 그래서 이곳의 새들은 사람과 불을 피하려고 땅 속에 둥지를 튼다. 땅 속에 화덕 모양의 둥지를 틀고 사는 화덕화덕화덕새 같은 새들만이 사람들의 위협에 잘 적응해 살고 있다.

팜파스에서는 나무가 별로 자라지 않아 새들이 은신처가 거의 없다. 그래서 바위틈이나 땅 속에 둥지를 튼다.

## 진흙화덕새

진흙으로 튼 둥지가 빵을 굽던 화덕을 닮아서 화덕화덕새(로 불린다. ('호네로'는 빵 굽는 사람'이라는 에스파냐어이다) 하나의 둥지를 몇 달에 걸쳐 설계 만드는데, 크기가 축구공 두 배에 이른다. 해마다 새로운 둥지를 튼다. 이 새는 긴 다리로 높이 들어 올리면서 성큼성큼 걷는다. 단단하고 날카로운 부리로 땅을 파서 애벌레를 잡아먹는다.

진흙화덕새
(붉은도둑둥지새)
*Furnarius rufus*
길이 : 19cm

한 개의 진흙 덩어리로 둥지를 튼다. 뜨거운 햇볕을 막아주는 맞은편 나무껍질 등도 함께 쓴다.

# 갈라파고스 제도
## The Galapagos Islands

갈라파고스 제도는 남아메리카 에콰도르의 서쪽 태평양에 있다. 남아메리카에서 1,000km나 떨어져 있어 이곳의 새들은 매우 특이하게 진화할 수 있었다. 섬들이 고립되어 있는데다가 먹이와 번식 장소를 놓고 다른 새들과 경쟁할 일이 거의 없었기 때문이다. 그리고 이 섬들에는 따뜻한 지역에서 사는 열대성 새 종류인 홍학, 군함조 등과 차가운 지역에서 사는 펭귄, 알바트로스 같은 새들이 함께 살고 있다. 태평양에서 오는 따뜻한 난류와 대서양에서 오는 차가운 한류가 섬들 주위를 흐르고 있기 때문이다.

큰민물거북의 등딱지는 나그네새인 갈라파고스매가 주위를 살펴보기에 안성맞춤인 곳이다.

마르체나 섬

갈라파고스 제도

산살바도르 섬

페르난디나 섬

작은 날개는 길이가 25cm 밖에 안된다.

이사벨라 섬

태 평 양

작은날개가마우지
(갈라파고스민물가마우지)
Nannopterum harrisi
길이 : 95cm

## 다윈과 방울새

갈라파고스에서 발견되는 열세 종류의 방울새는 생김새가 아주 비슷하지만, 먹이 종류에 따라 부리 모양이 조금씩 다르다. 영국의 자연 과학자 찰스 다윈은 이런 새들을 연구하여 진화 이론을 발전시켰다. 그는 동식물이 여러 세대를 거치면서 서식지에 어떻게 적응하는지를 설명했다.

찰스 다윈
(1809~1882)

## 작은날개가마우지

날지 못하는 유일한 가마우지 종류이다. 작고 보잘것없는 날개를 펴서 몸의 균형을 잡고 뜨거운 햇볕이 새끼에게 미치지 않게 한다. 이 새가 날 수 있는 힘을 잃어버린 것은 천적이 없고, 바닷가 근처에서 쉽게 먹이를 구할 수 있었기 때문이다.

바다 가까이에 있는 바위 위의 둥지

와블러방울새
Certhidea olivacea
작은 곤충을 잡아먹기 좋게 부리가 날카롭다.

나무방울새
Camarhynchus parvulus
식물의 열매, 싹, 작은 씨, 곤충을 먹기 좋게 부리가 약간 두껍다.

땅방울새
Geospiza magnirostris
몸집이 크고, 식물의 씨를 으스러뜨리기 좋게 부리가 튼튼하다.

딱따구리방울새
Camarhynchus pallidus
나뭇가지를 도구로 사용해 나무껍질 안쪽의 애벌레를 잡아먹는다.

## 갈라파고스펭귄

추운 곳에서 사는 이 희귀한 펭귄이 적도 근처의 갈라파고스 제도에서 살 수 있는 것은 훔볼트 해류라는 한류가 섬들 주위를 흐르기 때문이다. 이 새들은 작은 무리를 지어 살고, 물고기를 잡아먹는다. 바위, 굴, 구멍에 둥지를 틀고 알을 낳는다. 지느러미 같은 날개와 물갈퀴가 있는 발이 있고 몸이 유선형이어서 헤엄을 잘 치지만, 땅 위에서는 아주 둔하다. 바위 위에서 뒤뚱거리며 작은 날개로 균형을 잡는다.

지느러미 같은 튼튼한 날개가 있어 물속에서 나는 것처럼 헤엄친다.

갈라파고스펭귄
Spheniscus mendiculus
길이 : 51cm

## 갈라파고스군함조

군함조는 커다란 날개를 펴고 섬 주위를 날아다닌다.
거북, 해파리, 바닷새 새끼, 물고기 등을 잡아먹는다.
부비새 같은 새들을 쫓아가서 그들이 물고 있는 먹이를
떨어뜨리게 해 공중에서 가로채 먹기도 한다. 영어 이름
'해적새' 는 해적처럼 다른 새의 먹이를 빼앗기에
붙여진 이름이다. 번식기에 수컷은 암컷을
유혹하려고 목에 있는 빨간 주머니를
부풀린다.

갈라파고스군함조
(미국군함조)
Fregata magnificens
길이 : 1.1m
편 두 날개 길이 : 최대 2.4m

## 갈라파고스 비둘기

수컷은 짝짓기 때가 되면 날개를 내려뜨리고 꼬리를
활짝 펴고 암컷 주위를 뽐내며 걸어 다닌다. 그리고
더 크고 멋있게 보이려고 깃털을 부풀린다. 암컷은
바위 아래에 풀로 대충 만든 둥지에 알을 낳는다.

수컷

갈라파고스비둘기
Zenaida galapagoensis
길이 : 20cm

암컷

산타크루스 섬

작은날개
가마우지

갈라파고스
알바트로스

갈라파고스펭귄

갈라파고스
비둘기

푸른발부비새

갈라파고스
군함조

딱따구리방울새

와블로방울새

나무방울새

땅방울새

산크리스토발 섬

갈라파고스알바트로스
Diomedea irrorata
길이 : 94cm

짝을 유혹할 때는
튼튼한 부리를
하늘로 향해
치켜든다.

## 갈라파고스알바트로스

에스파뇰라 섬의 화산 절벽에만 둥지를 튼다. 짝짓기할 때가
되면 수컷과 암컷이 얼굴을 맞대면서 아랫부리를 윗부리에
부딪치고 서로 머리 옆쪽을 부드럽게 받으며 부리를 하늘로
향하는가 하면, 부리를 상대방 부리 주위로 빙빙 돌리기도
한다. 부리끼리 부딪치는 소리가 매우 크다.

0 10 20 30 km

에스파뇰라 섬

산타마리아 섬

화산 폭발로 생긴 갈라파고스 제도의 섬들은 울퉁불퉁하고 검은
화산암으로 이루어졌다.

길고 안쪽이 톱니처럼 생긴 부리는
물고기를 잡기에 편리하다.

푸른발부비새
Sula nebouxii
길이 : 86cm

## 푸른발부비새

번식기가 되면 여기저기에 작은 무리를 이룬다. 관목 지대에서
먹이를 찾는 다른 부비새들과는 달리 해안 가까이에서 먹이를
찾는다. 다른 종류의 부비새들과 먹이 다툼이 없기 때문이다.
먹이가 풍부해서 해마다 두세 마리의 새끼를 기를 수 있다. 다른
종류의 부비새들은 한 마리만 기른다. 어린 부비새는 부모가
잡아다 주는 물고기를 먹고 자란다. '부비새' 라는 이름은
'시골뜨기' 라는 뜻의 에스파냐어에서 비롯되었다.

짝이 될 상대방에게 잘 보이려고
밝은 푸른색 발을 쳐들면서 걷는다.

# 유럽 *Europe*

유럽에서는 다양한 종류의 새들을 볼 수 없다. 좁은 지역에 너무 많은 사람들이 살고 있기 때문이다. 사람들은 숲을 망가뜨리고, 토지와 물을 오염시키고, 새를 사냥한다. 도시, 공원, 정원 등지에서 살 수 없는 새들은 산악 지대, 황무지, 습지 등 먼 곳으로 쫓겨 간다. 그리고 북유럽은 너무 추워 이 지역의 많은 새들이 겨울이 오기 전에 남쪽으로 이동해야 한다. 그러나 유럽에는 해안 서식지가 많다. 큰 강 어귀는 북극 지역에서 남쪽으로 이동하는 섭금류나 물새들에게 휴식처와 먹이를 제공한다. 해안 절벽에서는 부비새, 바다오리, 퍼핀, 큰부리바다오리 같은 바닷새가 무리를 지어 둥지를 튼다.

## 빙하 시대의 유럽

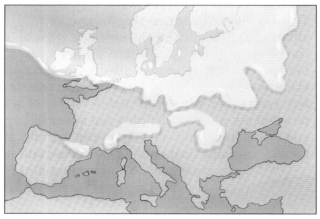

유럽의 마지막 빙하기인 약 1만 1천 년 전, 빙하에 덮여 있는 유럽의 모습이다.

빙하기에는 얼음과 빙하가 지구 표면을 넓게 덮고 있었다. 90만 년 전부터 빙하기가 열 번쯤 있었다. 마지막 빙하기는 약 18,000년 전에 있었는데, 거대한 빙하들이 북극과 유럽의 여러 지역을 덮었다. 이때 몇 종류의 새들은 멸종하고 몇 종류는 따뜻한 남쪽 지방으로 갔다. 약 11,000년 전에 기후가 다시 따뜻해지면서 빙하가 녹아 새들이 다시 북쪽으로 갔다.

## 기후와 지형

유럽의 기후는 춥고 눈비가 많이 내리는 북부 지역(영국 제도, 스칸디나비아 반도 등)부터 덥고 건조한 지중해성 기후인 남부 지역(이탈리아, 그리스 등)까지 다양하다. 유럽 중부는 따뜻하고 습한 온대성 기후이다. 걸프 해류라는 난류가 유럽 서부 해안을 지나 이 지역은 겨울에 훨씬 덜 춥다. 유럽에는 알프스 산맥, 피레네 산맥 등이 동서로 길게 뻗어 있어 새들이 자유롭게 이동하지 못한다.

### 유럽의 재미있는 새들

상모솔새
Regulus regulus

**유럽에서 가장 작은 새**
상모솔새. 길이가 9cm쯤밖에 안 된다.

**세계에서 가장 빠른 새**
매. 먹이를 향해 급강하할 때는 시속 약 180km이다.

**가장 힘이 센 부리**
콩새는 다른 어떤 새들보다 힘센 부리와 턱 근육이 있다. 부리는 작은 돌멩이도 쉽게 부술 수 있다.

**다양한 알들**
바다오리는 다른 새들에 비해 아주 다양한 빛깔과 모양의 알을 낳는다. 그래서 절벽 바위 턱에서 무리를 지어 번식하는 이 새들의 부모는 자신이 낳은 알을 알아볼 수 있다.

**알을 가장 많이 낳는 새**
회색자고새 암컷은 한 둥지에 15~19개쯤 알을 낳는다. 많은 새끼들이 천적, 사냥꾼, 자연적인 이유에 의해 죽기 때문에 알을 많이 낳는다.

**놀라운 흉내쟁이 새**
유럽개개비는 새들 중에서 흉내를 가장 잘 낸다. 76종의 다른 새의 소리를 흉내 내어 노래한다.

**가장 오래 나는 새**
유럽칼새는 다른 종류의 육지 새들보다 오랫동안 공중에서 날 수 있다. 2,000m 이상 높이에서 3년 이상 날면서 잠자고 먹고 물을 마신다.

유럽칼새
Apus apus

많은 사람들이 햇빛이 잘 비치는 지중해 연안에서 살며 올리브를 비롯해 여러 작물을 재배한다. 유럽에 사는 새들의 대표적인 서식지 중 하나이다.

그린란드    아이슬란드    북 해
영국 제도    라인 강
서    양    루아르 강    다뉴브
알프스 산맥
코르시카 섬
대    피레네 산맥
두에로 강    사르데냐 섬
과달키비르 강    지 중
아틀라스 산맥    해

**북 아 프 리 카**

## 유럽의 자연 환경

### 새들의 종류
600종류 이상의 새들이 유럽에서 살고 있다. 이중 약 430종류가 규칙적으로 같은 장소에서 관찰된다.

### 가장 긴 빙하
알프스 산맥의 가장 긴 빙하 '알레치'는 길이가 24km를 넘는다.

### 긴 해안선
유럽은 다른 대륙보다 크기에 비해 해안선이 길다. 노르웨이의 해안선에는 마지막 빙하기에 두꺼운 빙하에 의해 파인 '피오르'(위 사진)라는, 절벽이 가파른 계곡이 많다.

### 가장 높은 인구밀도
유럽은 세계 육지의 7%만을 차지하지만, 세계 인구의 14%가 살고 있다.

### 화산 폭발
이탈리아 남부의 베수비오 화산은 지금도 활동하고 있다. 약 1만 년 전에 분출을 시작했는데, 기원전 79년의 대폭발로 폼페이를 비롯한 여러 도시가 사라졌다.

### 유럽에서 가장 긴 강
길이 3,531km의 볼가 강. 그 다음은 다뉴브 강(2,858km), 드네프르 강(2,285km)이다.

### 주요 산악 지대
높이 4,807m의 몽블랑 산은 서부 유럽에서 가장 높다. 길이 약 1,100km인 알프스 산맥의 일부이다.

### 육지에 둘러싸인 가장 큰 바다
유럽의 지중해는 육지에 둘러싸인 바다로서는 세계에서 가장 크다.

## 유럽에서 사는 주요 새들
다음의 새들은 유럽의 가장 중요한 서식지에서 사는 새들이다.

**해안**
퍼핀은 바다오리, 갈매기, 부비새, 제비갈매기 같은 바닷새들처럼 봄과 여름에 유럽 해안 지대의 섬과 바닷가, 바위 절벽 등에서 무리를 이루어 번식한다.

퍼핀

후투티

**지중해성 관목 지대**
여름에 지중해성 관목 지대에는 다양한 곤충들이 많아 후투티를 비롯해 파랑새, 벌매, 때까치 등이 많이 모인다. 이중 많은 새들이 겨울에는 아프리카로 이동한다.

**황무지**
쇠황조롱이 같은 새들은 여름에 유럽의 황무지 지대에서 둥지를 튼다. 겨울이 되면 먹이가 더 많은 해안 지역이나 습지로 이동한다.

쇠황조롱이

**산악 지대**
붉은부리까마귀는 검독수리, 독수리처럼 도시와 농장이 많은 지역을 떠나 산악 지대에서 은신처를 찾는다.

붉은부리까마귀

**농촌과 도시**
비둘기는 찌르레기, 참새, 황조롱이처럼 농촌 지역에 보금자리를 만든다. 바닷새들이 바닷가 절벽에 집을 짓듯이 높은 빌딩의 창 문턱 등에 둥지를 튼다.

비둘기

붉은발도요

**강어귀와 바닷가**
붉은발도요는 큰뒷부리도요, 민물도요, 마도요처럼 먹이를 찾으려고 강어귀나 바닷가에서 무리를 짓는다.

**유 럽**

카르파티아 산맥

드네프르 강

돈 강

우랄 산맥

볼가 강

흑 해

카프카스 산맥

카스피 해

아랄 해

**아**

**시**

**아**

도나우 강

키프로스 섬

티그리스 강

유프라테스 강

지 중 해

숲솔새

**숲**
숲솔새 같은 솔새 종류와 지빠귀, 어치, 딱따구리, 부엉이, 박새 등이 유럽의 숲에서 산다.

# 숲 *Forests and Woodlands*

유럽에는 북쪽의 상록수림부터 남쪽의 낙엽 활엽수림까지 다양한 숲이 있어 새들에게 번식처를 제공한다. 나무줄기와 가지는 새들에게 둥지 틀 장소를 제공하고, 나뭇잎과 열매, 그리고 나무와 숲 바닥에서 사는 곤충, 벌레 등은 새들에게 좋은 먹이이다. 북쪽의 숲은 대부분 남쪽의 숲보다 어둡고 춥지만, 새들에게 더 다양한 먹이와 번식처를 제공한다. 유럽의 숲에서 사는 새들은 계절에 따라 생활모습이 바뀐다. 봄과 여름에는 지방을 축적하기 위해 먹이를 많이 먹고, 겨울에는 먹이를 찾아 숲을 돌아다니거나 따뜻한 남쪽으로 이동한다.

### 유럽산새매
새매는 날렵해서 청박새나 다른 작은 새들을 재빨리 공격한다. 날카로운 발톱에 걸려들면 도망칠 수 없다. 먹이를 잡으면 부리로 깃털을 뽑는다. 수컷이 잡아 온 먹이를 암컷이 잘게 찢어서 새끼들에게 먹인다.

암컷이 수컷보다 더 크고, 아랫배에 회색의 빗살무늬 깃털이 있다.

청박새

유럽산새매
Accipiter nisus
길이 : 최고 38㎝

날개가 짧고 둥글어 나무들 사이를 잘 빠져 나간다.

### 어치
봄이 오면 낙엽 활엽수림에 물건 긁는 소리 비슷한 어치의 울음소리가 자주 들린다. 시끄럽게 울면서 짝을 좇아 나무 사이를 날아다니는 이 새는 도토리를 따 먹으려고 먼 곳까지 이동하기도 한다. 겨울에 먹으려고 도토리를 땅에 묻어 두기도 한다. 어치에 먹히지 않은 도토리는 봄에 싹이 나 자라 숲을 넓힌다. 이 새는 나무 열매, 벌레, 다른 새들의 알과 새끼 등을 먹는다.

솔잣새는 침엽수림의 높은 나뭇가지 위에 둥지를 틀고 새끼를 기른다. 솔방울에 있는 씨를 빼 먹고, 숲의 바닥에는 거의 내려가지 않는다.

어치는 가끔 머리 깃털을 일으켜 머리 모양을 사각형으로 만든다.

어치
Garrulus glandarius
길이 : 33㎝

| 유럽산큰올빼미 | 유럽산새매 |
| 황여새 | 어치 |
| 청딱따구리 | 오목눈이 |
| 유럽큰들꿩 | |

오목눈이는
꼬리가 몸통보다 길다.

얼굴을 둥글게 덮은 깃털들이
레이더의 접시처럼 소리를
모아 귀로 전한다.

## 유럽산큰올빼미

귀가 놀라울 만큼 밝아 숲 바닥에서 기어
다니는 들쥐를 찾아낸다. 겨울에는 눈 속
깊은 곳에 뚫은 터널로 들쥐가 지나가는
소리를 들을 수 있다. 둥지 근처에 접근
하는 것은 무엇이든, 설령 사람이라도
날아가 공격한다. 어린 새끼는 태어나서
3~4주 지나면 둥지를 떠나는데, 그 전에
1주일 정도 나는 법을 배운다.

## 오목눈이

작고 쉴새없이 움직이는 오목눈이는
무리를 지어 날아다닌다. 곤충이나 거미,
식물의 씨 등을 먹고, 봄에 이끼, 거미줄,
동물의 털, 수천 개의 깃털로 정교한 둥지를
틀어 새끼를 따뜻하게 한다. 둥지는 아주
작아서 어른 새가 들어갈 때는 머리를
먼저 넣고 꼬리를 접어야 한다.

오목눈이
Aegithalos caudatus
길이 : 14cm

유럽산큰올빼미
Strix nebulosa
길이 : 최대 84cm
편 두 날개 길이 : 1.5m 이상

수컷이 암컷을
유혹할 때는
꼬리를 부채처럼
쫙 펴고 부리를
쳐들며 목의
털을 부풀린다.

거대한 소나무들이 북유럽, 특히 스칸디나비아
지역 침엽수림의 대부분을 차지하고 있다.

오네가 호

볼가 강

유럽큰들꿩
Tetrao urogallus
어깨 높이 : 최고 1.7m
길이 : 수컷 87cm
　　　 암컷 60cm

발가락에 빗살 모양의
털들이 있어 눈 위를
걸을 때 발이 눈에
빠지지 않는다.

왁스를 칠한 것 같은
작고 붉은 얼룩

## 유럽큰들꿩

침엽수림에서 사는 이 새는 겨울에는 소나무의 씨나 잎을,
여름에는 식물의 잎, 줄기, 열매 등을 먹는다. 숲의 바닥에
둥지를 튼다. 수컷이 암컷을 유혹할 때는 이상한 소리를 내는
경쟁자 수컷들의 도전을 받는다. 그 소리는 음료수를
컵에 따를 때 나는 소리로 끝난다.

황여새
Bombycilla garrulus
길이 : 18cm

수컷은 검고 붉은
수염이 있고, 암컷의
수염은 모두 검다.

## 청딱따구리

울음소리 때문에 '강아지새' 로도
불린다. 크고 뾰족한 부리로 나무줄기
속에 있는 개미집을 찾아 구멍을 뚫은
뒤 긴 혀로 나무속에 숨어 있는 개미나
벌레를 잡아먹는다. 주로 곤충을
먹는데, 식물의 열매와 씨를 먹기도
한다. 짝짓기 때가 되면 암컷과 수컷이
나무 주위를 나선형으로 빙빙 돈다.

청딱따구리
Picus viridis
길이 : 33cm

## 황여새

날개 끝부분이 마치
붉은색 왁스를 칠한 것 같아 영어 이름이
'왁스새' 이다. 무리를 지어 살고, 번식기에는
아주 시끄럽게 떠든다. 짝짓기할 때가 되면
암컷과 수컷이 서로 부리로 먹을 것을 건네준다.
먹이는 주로 숲속 나무의 열매이다.

이 새는 땅에서 오랫동안
개미를 찾는다.

산사나무 열매가
좋아하는 먹이이다.

# 지중해 *The Mediterranean*

남부 유럽과 지중해 연안은 따뜻하고 건조해서 작은 상록수, 가시가 많은 관목, 히스, 허브 등이 많다. 길고 더운 여름에는 곤충이 많아 울새, 벌잡이새, 파랑새 등에게 좋은 먹이가 된다. 황새, 말똥가리, 독수리 등 많은 새들이 유럽과 아프리카 사이를 이동할 때 지중해 지역을 지나간다. 프랑스의 '카마르그', 남부 에스파냐의 '코토 데 도냐나'는 습지 보존 지역이다.

곤충을 발견하면 쏜살같이 날아가 잡는다.

코토 데 도냐나 습지 보존 지역에는 많은 물새가 모여든다. 유럽에서 가장 큰 왜가리 서식지가 있다.

유럽파랑새
Coracias garrulus
길이 : 30cm

## 유럽파랑새

모든 파랑새의 영어 이름은 '너울거리며 나는 새'라는 뜻이다. 수컷이 암컷을 유혹할 때 하늘 높이 올라가 파도가 치듯 너울너울 날면서 내려오기 때문이다. 주로 곤충을 먹는데, 도마뱀, 달팽이, 개구리, 그리고 다른 새들을 사냥하기도 한다. 가을에는 남쪽인 아프리카로 이동한다.

황금꾀꼬리(노랑머리꾀꼬리)
Oriolus oriolus
길이 : 25cm

수컷은 밝은 색 깃털로 암컷을 유혹한다.

## 황금꾀꼬리

풀로 잘 엮어진 둥지는 나뭇가지 사이에 매달려 있다. 이 새는 아주 민감해서 나무 꼭대기에서 곤충이나 나무 열매를 먹으며 대부분의 시간을 숨어 지낸다. 암컷은 날카롭고 단단한 부리로 먹이를 잡아 새끼들에게 먹인다. 수컷은 짝짓기를 하려고 암컷의 뒤를 재빨리 쫓아다닌다.

## 후투티

영어 이름 '후푸'는 울음소리에서 비롯되었다. 가늘고 구부러진 부리로 곤충 같은 벌레를 찾으며 땅 위를 걷거나 뛴다. 맹금류가 머리 위를 날아가면 어른 후투티는 날개와 꼬리 깃털을 평평하게 쫙 펴고 땅에 엎드려 부리를 하늘로 치켜든다. 공격 자세를 취한 것이다. 흥분하면 머리의 볏을 일으켜 세운다.

검고 흰 둥근 날개를 나비처럼 천천히 파닥인다.

동지를 틀고 새끼를 돌보는 일은 주로 암컷이 한다.

후투티
Upupa epops
길이 : 28cm

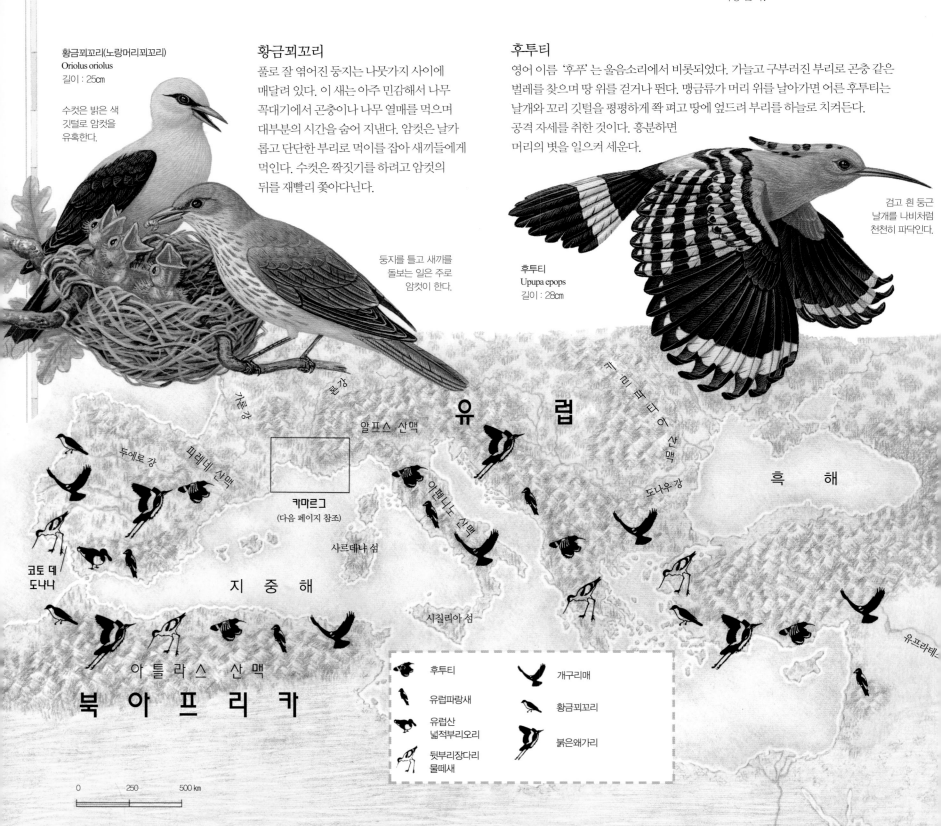

두에로 강
피레네 산맥
가론 강
론 강
알프스 산맥
유
럽
카르파티아 산맥
도나우 강
흑 해
카마르그
(다음 페이지 참조)
아펜니노 산맥
사르데냐 섬
코토 데 도냐나
지 중 해
시칠리아 섬
유프라테스
아틀라스 산맥
북 아 프 리 카

| | | |
|---|---|---|
| 후투티 | | 개구리매 |
| 유럽파랑새 | | 황금꾀꼬리 |
| 유럽산 넓적부리오리 | | 붉은왜가리 |
| 뒷부리장다리 물떼새 | | |

0    250    500 km

# 카마르그 *The Camargue*

론 강과 지중해가 만나는 곳에 염분이 있는 습지와 얕은 호수로 이루어진 카마르그 습지 보존 지역이 있다. 주위에 사람들과 집, 공장이 있고, 비행기가 날아다니는데도 도요새를 비롯한 많은 물새가 이곳에서 산다. 그리고 수만 마리의 고니, 오리, 기러기 등이 겨울에 북유럽과 시베리아의 번식지를 떠나 이곳을 방문한다.

습지 위로 날아올라 선회할 때는 날개를 V자 모양으로 펼친다.

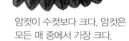
개구리매
*Circus aeruginosus*
길이 : 최대 56cm

## 개구리매

수컷은 갈대밭이나 초원의 상공을 천천히 선회하며 개구리, 물고기, 작은 포유동물, 새, 곤충 같은 먹이를 찾는다. 암컷은 갈대나 습지 식물 사이에 숨겨진 둥지에서 새끼들과 함께 지낸다. 수컷이 먹이를 가지고 둥지 위로 날아오면 암컷이 날아올라 공중에서 먹이를 받는다. 짝짓기를 하려고 사귈 때도 이렇게 먹이를 건네준다.

암컷이 수컷보다 크다. 암컷은 모든 매 중에서 가장 크다.

날카로운 부리로 물고기나 개구리를 잡는다.

붉은왜가리
*Ardea purpurea*
길이 : 최대 90cm

## 붉은왜가리

키가 크고 홀쭉한 붉은왜가리는 몸무게를 분산시키는 긴 발가락이 있어 물속의 진흙에 빠지지 않고 습지 식물 사이를 성큼성큼 걸어 다닐 수 있다. 긴 발을 물에 담그고, 뾰족한 부리로 물고기를 잡는다. 대부분 스무 쌍 이상이 작은 무리를 지어 얕은 물에서 자라는 골풀 사이나 갈대숲에 숨겨 둥지를 튼다. 어린 새끼는 6주가 지나면 날 수 있다. 위험이 다가오면 몸을 웅크리고 부리를 높이 올린다. 목에 있는 줄무늬와 갈대가 어울려 잘 알아볼 수 없게 하기 위해서이다.

왜가리는 경계심이 강해 울음소리를 내며 날아오를 때까지는 관찰하기가 힘들다.

홍학은 카마르그 습지 보존 지역의 얕은 물에서 작은 동물을 먹고 산다. 지중해 지역에서 태어나는 홍학의 약 4분의 3이 카마르그 습지 보존 지역에서 태어난다.

## 뒷부리장다리물떼새

끝이 뾰족하고 조금 위로 휘어진 부리는 물속이나 진흙 속을 뒤져 벌레 등을 잡아먹기에 좋다. 이 새는 새끼들이 안전하도록 천적이 적은 섬에 둥지를 튼다. 큰 무리를 지어 둥지를 틀고, 천적이 나타나면 함께 방어한다.

유럽산넓적부리오리
*Anas clypeata*
길이 : 52cm

수컷이 암컷보다 훨씬 화려하다.

수컷

삽처럼 생긴 큰 부리로 물에서 먹이를 걸러 낸다.

뒷부리장다리물떼새
*Recurvirostra avosetta*
길이 : 43cm

긴 다리와 긴 부리는 깊은 물속의 먹이를 잡기에 좋다.

## 유럽산넓적부리오리

이름은 삽 모양의 부리에서 비롯되었다. 어릴 때는 부리가 평범한 모양이지만, 자랄수록 변한다. 어른 넓적부리오리는 넓은 부리로 물을 빨아들여 부리 옆쪽으로 내보낸다. 부리 안쪽 가장자리에 빗살 같은 것들이 있어 물에 있는 작은 동식물을 거른다.

# 해안 지역
## *Coastal Areas*

여름이 되면 수백만 마리의 새들이
유럽 해안선의 절벽이나 섬에서 알을 낳고 새끼를 기른다.
절벽은 어린 새들에게 위험하지만, 천적의 공격을 피하기에는
좋은 장소이다. 많은 새들이 함께 번식하는 것도 안전하다.
바닷새들은 수천 마리가 모여 번식하는데, 몹시 시끄럽고 고약한
냄새를 풍긴다. 바다오리, 갈매기, 부비새, 풀머갈매기 등이 같은
절벽에 둥지를 틀기도 한다. 바닷새들은 주로 바다에서 먹이를
구하며, 바닷가 육지에 둥지를 튼다.

하늘 높이 날아올라 활공할 수
있는 크고 힘센 날개

뛸 수 있는 길고 힘센 다리,
헤엄칠 수 있도록
물갈퀴가 있는 발

유럽큰재갈매기
Larus marinus
길이 : 최대 79cm

## 유럽큰재갈매기
물고기와 다른 바닷새는 물론 토끼까지 잡아먹는 난폭한
사냥꾼이다. 여름에는 해안에서 번식하고 있는
바닷새들을 공격해서 어린 새끼를 한입에 꿀꺽
삼겨 버린다. 번식기가 끝나면 항구나 바닷가,
그리고 육지의 쓰레기장 등에서 먹이를
찾아 먹어 청소를 한다.

유럽 해안의 얕은 바다는 여름 동안 해안에 둥지를 틀고
번식하는 많은 바닷새들에게 충분한 먹이를 제공한다.

길고 끝이
뾰족한 날개를
빠르게 위아래로
움직인다.

## 쇠제비갈매기
여름이 되면 번식을 위해 바닷가 모래톱에 모인다.
천적이 나타나면 하늘에서 폭격을 하듯 하강해 쫓아
버린다. 어린 새는 물고기를 잡기에 가장 좋은 곳을 찾는
방법, 잠수할 때 머리부터 물속에 넣는 방법 등을 배운다.
처음 잠수할 때는 배부터 물에 떨어지지만, 차츰 어른
새들처럼 머리부터 잠수할 수 있게 된다.

쇠제비갈매기
Sterna albifrons
길이 : 23cm

우아하고 경쾌하게 나는데,
때로는 물 위에 떠 있기도 한다.

날카로운 부리로
물고기를 잡는다.

## 바다오리
바다오리는 육지에서 멀리 떨어진 바다에서 많은 시간을 보낸다. 날개를
빠르게 퍼덕이고, 발로 방향을 바꾸면서 잠수해 들어가 물고기를 잡는다.
번식기에만 바닷가 육지로 가 절벽 바위 턱에서 무리를 이룬다. 둥지를 틀지
않고 바위 위에 한 개의 알을 낳는다. 부모 중 한 마리는 반드시 알을 지키고,
다른 한 마리는 바다로 가서 먹이를 구해 온다.

## 바다제비
물 바로 위에서 날아다니는 바다제비는
유럽의 바닷새 가운데 가장 작다. 작은 물고기나
물에 떠 있는 플랑크톤을 먹는다. 배에서 사람들
이 던져 주는 먹이를 받아먹기도 하고, 폭풍이
일 때는 배를 피신처로 삼기도 한다. 주로 먼
바다의 외딴 섬에서 무리를 지어 둥지를
트는데, 혼자서는 천적으로부터 자신을
방어하지 못하기 때문이다.

가늘고
갈고리처럼
휜 부리

몸이 유선형이어서
물속에서 빠르게
헤엄칠 수 있다.

바다오리
Uria aalge
길이 : 41cm

먹이를 잡을 때는 다리가 몸에
매달린 듯 흔들거려 물 위를
걷는 것처럼 보인다.

바다제비
Hydrobates pelagicus
길이 : 15cm

부리가 좁고 끝이 뾰족해서 물고기를 잡기에 편리하다.

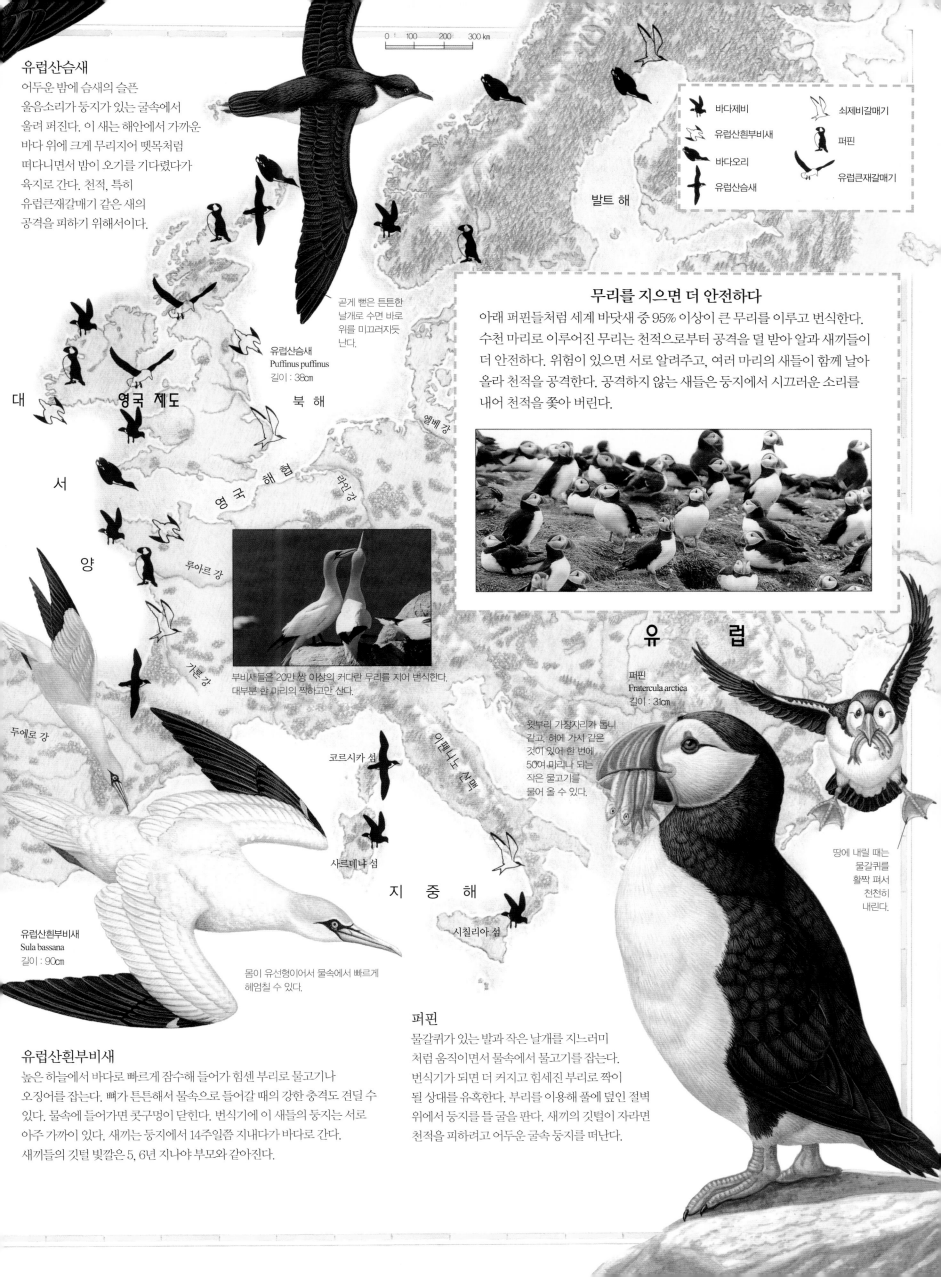

## 유럽산슴새

어두운 밤에 슴새의 슬픈 울음소리가 둥지가 있는 굴속에서 울려 퍼진다. 이 새는 해안에서 가까운 바다 위에 크게 무리지어 뗏목처럼 떠다니면서 밤이 오기를 기다렸다가 육지로 간다. 천적, 특히 유럽큰재갈매기 같은 새의 공격을 피하기 위해서이다.

곧게 뻗은 튼튼한 날개로 수면 바로 위를 미끄러지듯 난다.

유럽산슴새
Puffinus puffinus
길이 : 38cm

| | |
|---|---|
| 바다제비 | 쇠제비갈매기 |
| 유럽산흰부비새 | 퍼핀 |
| 바다오리 | |
| 유럽산슴새 | 유럽큰재갈매기 |

발트 해

대 서 양

영국 제도

북 해

엘베 강

라인강

영 국 해 협

루아르 강

가론 강

두에로 강

### 무리를 지으면 더 안전하다

아래 퍼핀들처럼 세계 바닷새 중 95% 이상이 큰 무리를 이루고 번식한다. 수천 마리로 이루어진 무리는 천적으로부터 공격을 덜 받아 알과 새끼들이 더 안전하다. 위험이 있으면 서로 알려주고, 여러 마리의 새들이 함께 날아 올라 천적을 공격한다. 공격하지 않는 새들은 둥지에서 시끄러운 소리를 내어 천적을 쫓아 버린다.

부비새들은 20만 쌍 이상의 커다란 무리를 지어 번식한다. 대부분 한 마리의 짝하고만 산다.

유 럽

퍼핀
Fratercula arctica
길이 : 31cm

윗부리 가장자리가 톱니 같고, 혀에 가시 같은 것이 있어 한 번에 50여 마리나 되는 작은 물고기를 물어 올 수 있다.

코르시카 섬

아펜니노 산맥

사르데냐 섬

지 중 해

시칠리아 섬

땅에 내릴 때는 물갈퀴를 활짝 펴서 천천히 내린다.

유럽산흰부비새
Sula bassana
길이 : 90cm

몸이 유선형이어서 물속에서 빠르게 헤엄칠 수 있다.

## 유럽산흰부비새

높은 하늘에서 바다로 빠르게 잠수해 들어가 힘센 부리로 물고기나 오징어를 잡는다. 뼈가 튼튼해서 물속으로 들어갈 때의 강한 충격도 견딜 수 있다. 물속에 들어가면 콧구멍이 닫힌다. 번식기에 이 새들의 둥지는 서로 아주 가까이 있다. 새끼는 둥지에서 14주일쯤 지내다가 바다로 간다. 새끼들의 깃털 빛깔은 5, 6년 지나야 부모와 같아진다.

## 퍼핀

물갈퀴가 있는 발과 작은 날개를 지느러미 처럼 움직이면서 물속에서 물고기를 잡는다. 번식기가 되면 더 커지고 힘세진 부리로 짝이 될 상대를 유혹한다. 부리를 이용해 풀에 덮인 절벽 위에서 둥지를 틀 굴을 판다. 새끼의 깃털이 자라면 천적을 피하려고 어두운 굴속 둥지를 떠난다.

0 100 200 300 km

# 아프리카 Africa

약 1억 3천만 년 전, 아프리카는 다른 대륙들과 떨어져기 때문에 타조, 넓적부리황새, 비서새, 부채머리새, 쥐새, 숲후투티, 헬멧뻐까지 등 이곳에만 사는 새들이 많다. 아프리카에는 넓은 사막 지대와 건조한 초원 지대가 있어 육지 새, 특히 식물의 씨를 먹는 새들이 많다. 수백만 마리의 새가 유럽에서 겨울을 피해 이곳

으로 오는데, 넓은 사하라 사막이 시베이 아프리카 남부로 이동하려는 새들에게 큰 장애가 된다. 사막은 기후 변화 때문에 점점 넓어지고, 비가 오지 않는 기간도 점점 늘고 있다. 숲을 파괴하고, 습지와 늪을 개발하고, 농장과 도시를 건설하는 사람들 때문에 많은 종류의 새들이 생존을 위협받고 있다.

## 아프리카의 특이한 새들

붉은부리쾰레아
Quelea quelea

**세계에서 수가 가장 많은 새**
붉은부리쾰레아이다. 수백만 마리의 새와 그 무리가 1,000만 개의 둥지를 틀 수도 있다.

**발가락이 가장 긴 새**
아프리카물꿩새. 발가락 길이가 약 8cm나 된다.

**가장 높이 나는 새**
엘룹민목수리는 사부아프리카 해안 상공에서 고도 11,274m로 나는 비행기와 충돌했다. 이것이 가장 높이 난 새의 기록이다.

**부리가 가장 넓은 새**
넓적부리황새. 부리의 너비가 약 12cm이다.

**세계에서 가장 큰 새**
아프리카타조. 수컷은 키가 약 2.7m까지, 몸무게는 약 156kg까지 성장한다. 타조는 가장 큰 알을 낳는 새이기도 하다. 타조의 알은 사람이 그 위에 서도 깨지지 않을 만큼 단단하다.

아프리카타조
Struthio camelus

## 기후와 지형

아프리카는 대부분 햇볕이 뜨겁고 비가 적다. 북부의 사하라 사막, 남서부의 나미브 사막, 칼라하리 사막 등이 대륙에 넓게 퍼져 있고, 가장 습한 지역은 대륙 중앙의 적도 근처에 있다. 산맥이 거의 없고, 단지 동부아프리카 탄자니아의 킬리만자로 산처럼 홀로 솟은 산이 있을 뿐이다.

## 아프리카 대륙의 이동

아프리카 대륙은 오랜 옛날에는 다른 대륙들과 붙어 있었지만, 수천만 년이 지나면서 다른 대륙과 떨어졌다. 그래서 아프리카의 새들은 다른 대륙의 새들과 쉽게 섞이 않기 때문에 특이한 모습으로 진화했다.

**약 1억 3천만 년 전**
아프리카 대륙은 다른 대륙들과 떨어져 하나의 대륙이 되었다. 그때 마다가스카르는 섬은 아프리카 대륙에 붙어 있었느데, 그 뒤 떨어졌다. 그래서 이 섬의 새들은 아프리카 대륙의 새들과 다르게 진화했다.

**약 6억 년 전**
아프리카는 유럽 쪽으로 이동해서 지금의 자리에 있게 되었다.

지 중 해
홍 해
나일 강
아틀라스 산맥
아하가르 고원
티베스티 고원
차드 호
니제르 강
사 하 라 사 막
아 프 리 카
콩 고
해
아라비아

유라시아 · 인도 · 오스트레일리아 · 남극 대륙 · 남아메리카 · 아메리카 · 북아메리카

유럽 · 아시아 · 북아메리카 · 아프리카 · 남아메리카 · 오스트레일리아 · 마다가스카르 · 남극 대륙

# 아프리카의 자연 환경

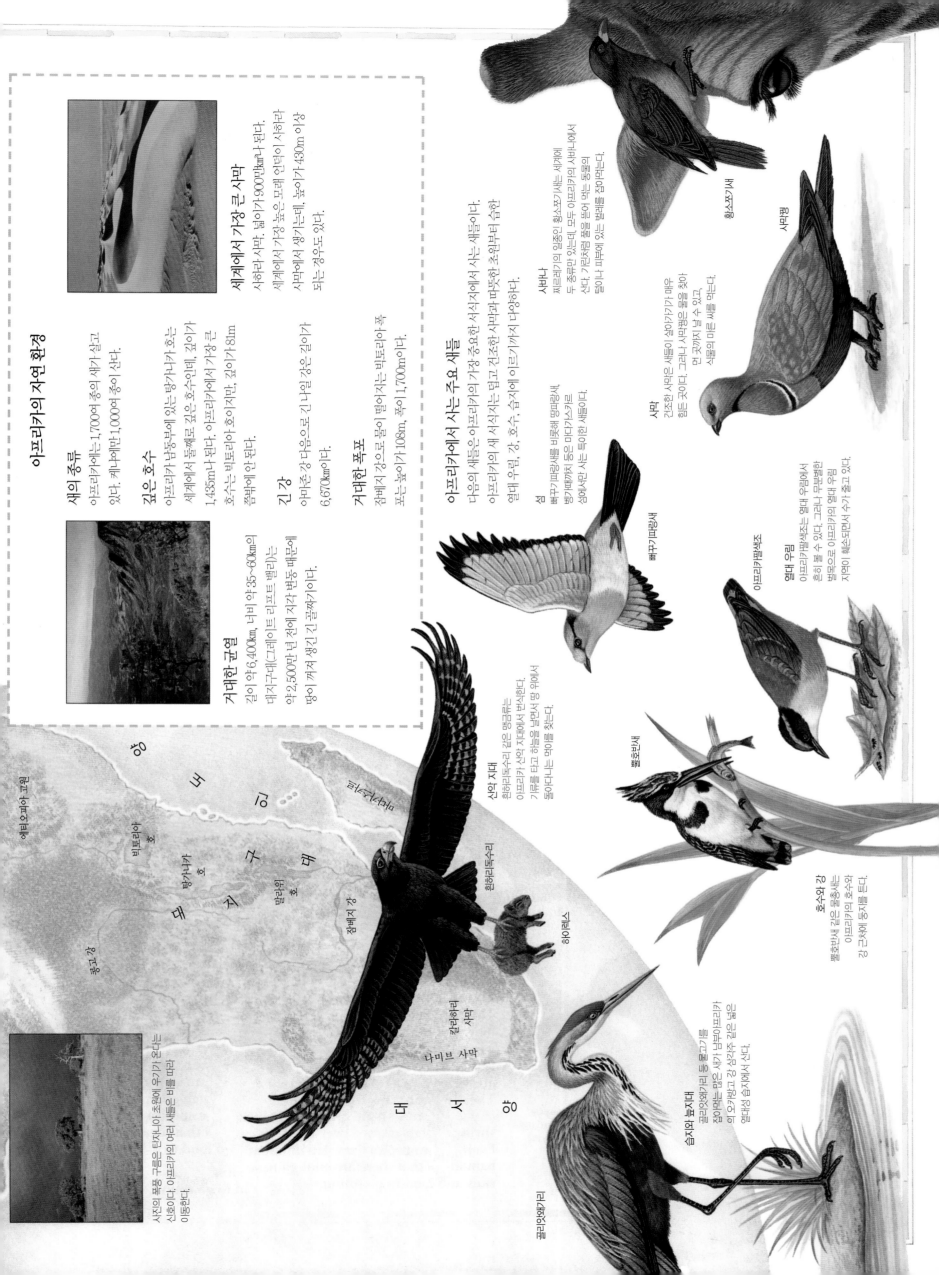

## 새의 종류
아프리카에는 1,700여 종의 새가 살고 있다. 케냐에만 1,000여 종이 산다.

## 깊은 호수
아프리카 남동부에 있는 탕가니카 호수는 세계에서 두 번째로 깊은 호수인데, 길이가 1,435m나 된다. 아프리카에서 가장 큰 호수는 빅토리아 호이지만, 길이가 81m 즈음밖에 안 된다.

## 긴 강
아마존 강 다음으로 긴 나일 강은 길이가 6,670km이다.

## 거대한 폭포
잠베지 강으로 물이 떨어지는 빅토리아 폭포는 높이가 108m, 폭이 1,700m이다.

## 세계에서 가장 큰 사막
사하라 사막. 넓이가 900만km²가 된다. 세계에서 가장 높은 모래 언덕이 사하라 사막에서 생기는데, 높이가 430m 이상 되는 경우도 있다.

## 거대한 균열
길이 약 6,400km, 너비 약 35~60km의 대지구대(그레이트 리프트 밸리)는 약 2,500만 년 전에 지각 변동 때문에 많이 깨져 생긴 긴 골짜기이다.

## 아프리카에서 사는 주요 새들
다음의 새들은 아프리카의 가장 중요한 서식지에서 사는 새들이다. 아프리카의 세 서식지는 넓고 건조한 사막과 따뜻한 조인부터 습한 열대 우림, 강, 호수, 습지에 이르기까지 다양하다.

### 섬
빼구끼파랑새를 비롯해 몇몇들에 빨갛게까지 등등 마다가스카르 섬에서만 사는 특이한 새들이다.

### 사바나
짜르라기의 일종인 황소조가새는 세계에 두 종류만 있는데, 모두 아프리카의 사바나에서 산다. 기린처럼 풀을 들어 먹는 동물이 들이나 피부에 있는 벌레를 잡아먹는다.

### 사막
건조한 사막은 새들이 살아남기가 매우 힘든 곳이다. 그러나 사막꿩은 물을 찾아 먼 곳까지 날아갈 수 있고, 새끼들에게 사막의 마른 씨를 먹는다.

### 열대 우림
아프리카팔색조는 열대 우림에서 흔히 볼 수 있다. 그러나 무분별한 벌목으로 아프리카의 열대 우림 지역이 훼손되면서 수가 줄고 있다.

### 호수와 강
뿔호반새 같은 물총새는 아프리카의 호수와 강 근처에 둥지를 튼다.

황소조가새

사막꿩

황소조가새

빼구끼파랑새

아프리카팔색조

뿔호반새

열대 우림

### 산악 지대
흰머리독수리 같은 맹금류는 아프리카 산악 지대에서도 산다. 기류를 타고 하늘을 날면서 땅 위에서 돌아다니는 먹이를 찾는다.

흰머리독수리

하이렉스

### 습지의 늪지대
콜리앗왜가리 같은 물새들은 진흙땅은 많은 새가 남부아프리카의 오카방고 강 삼각주 같은 넓은 열대성 습지에서 산다.

콜리앗왜가리

아프리카의 지형

콩고 강

빅토리아 호

탕가니카 호

말라위 호

잠베지 강

킬리만자로

나미브 사막

칼라하리 사막

대 지 구 대

대 서 양

인 도 양

사진의 폭풍 구름은 탄자니아 초원에 우기가 온다는 신호이다. 이 아프리카의 여러 새들은 비를 따라 이동한다.

# 숲과 산
## Forests and Mountains

아프리카 중앙에 펼쳐진 열대 우림은 아마존
다음으로 넓은 열대 우림이다. 코뿔새, 부채머리새, 팔색조 등이 나무가
우거지고 곤충과 열매가 풍부한 이곳에서 산다.
동아프리카 산악 지대의 낮은 곳에도 열대 우림이 있다. 산악 지대
위쪽의 춥고 안개가 자주 끼는 초원 지대에서는 독수리, 태양새 등이
산다. 아프리카 남동쪽에 있는 마다가스카르 섬은 사막과 초원 지대뿐
만 아니라 산악과 열대 우림도 있다. 오래 전에 아프리카에서 떨어져
나왔기 때문에 이 섬에는 여러 특이한 동물이 진화해 왔다.

**진홍죽지태양새**
Nectarinia johnstoni
길이 : 15cm
수컷의 꼬리 길이 : 최대 20cm

'로벨리아' 라는
큰 식물을
먹기도 한다.

암컷과 수컷은 짝짓기 때가 되면
서로 어깨 쪽의 빨간
깃털을 부풀린다.

수컷의 가슴
깃털은 번식기가
되면 녹색으로 변했다가
번식기가 끝나면 다시 갈색으로
변한다. 꼬리 깃털은 항상 길다.

**진홍죽지태양새**
산에서 사는 태양새는 가끔 꽃에 앉아
길고 휜 부리로 꽃 속의 꿀을 먹는다. 이 꽃
저 꽃 옮겨 다니면서 꽃가루가 몸에 묻어 꽃들의
가루받이를 돕는다. 튼튼한 발과 날카로운
발톱으로 나뭇잎을 꽉 잡아 몸을 버틸 수 있고,
부리 끝부분의 가장자리가 톱니처럼 생겨 벌레도
잘 잡는다. 꿀을 찾을 때는 콧구멍을 닫아 꽃가루가
콧속으로 들어가지 않는다.

**푸른삼림후투티**
가족이 무리를 지어 돌아다니는 이 새는 길고 아래로
휜 부리로 나무줄기나 가지에 구멍을 뚫어 속에 든 벌레를
잡아먹는다. 자주 울음소리를 내어 친화력을 다진다. 열 마리
이상의 새들이 부모를 도와 먹이를 가져오고 알과 새끼를
보호한다. 새끼들이 자라면 부모가 다음 해에 또 새끼를
기를 때 부모를 도와 동생들을 돌본다.

**뿔방가새**
Euryceros prevostii
길이 : 31cm

튼튼하고 휜 부리로
주로 곤충을 잡아먹는데,
카멜레온 같은 작은 파충류와
개구리를 잡아먹기도 한다.

우는 소리를 낼 때
서로 얼굴을 마주 보고
몸을 흔든다.

우는 소리를 낼 때
꼬리를 높이
치켜올린다.

**푸른삼림후투티**
Phoeniculus purpureus
길이 : 38cm

**뿔방가새**
마다가스카르 섬에만 있는
방가새 종류이다. 이 섬에는
열네 종류의 방가새가 있는데, 수백만 년 전에
아프리카에서 날아온 뿔때까치가 진화한 것이
다. 다른 종류의 방가새들은 서식지가 서로
달라 번식지와 먹이를 놓고 다툴 일이 없다.

노랑부리큰뿔새는 곤충이나 나무 열매를 먹으려고
이 나무 저 나무로 옮겨 다닌다. 큰뿔새와 부채머리새
종류는 우거진 열대 우림의 나무 아래쪽에서 먹이를
먹기 때문에 위쪽에서 날아다니는 맹금류를 피할 수
있다.

아 프 리 카

**[범례 상자]**
- 파랑부채머리새
- 뿔가방새
- 아프리카팔색조
- 콩고공작새
- 큰코뿔새
- 푸른삼림후투티
- 진홍죽지태양새

**[지도 명칭]**
세네갈 강 · 니제르 강 · 콩고 강 · 카사이 강 · 빅토리아 호 · 탕가니카 호 · 말라위 호 · 잠베지 강 · 카리바 호 · 칼라하리 사막 · 림포포 강 · 오렌지 강 · 드라켄스베그 산맥 · 마다가스카르 섬 · 대서양 · 인도양 · 청나일 강 · 홍해

0  250  500  750 km

자이언트개쑥갓은 아프리카에 있는 산의 가장 높은 곳에서 사는 식물이다. 태양새는 이 식물의 양배추잎 같은 잎들 사이에 둥지를 튼다.

윗부리 위의 투구 같은 것은 속이 스펀지처럼 생겨 가볍다. 수컷의 것이 암컷의 것보다 크다.

크고 흰 부리로 식물의 열매를 따 먹는다.

**큰코뿔새**
Ceratogymna bucinator
길이 : 66cm

**파랑부채머리새**
Corythaeola cristata
길이 : 76cm

## 파랑부채머리새
열두 마리 이상이 무리를 지어 나무 꼭대기로 올라가 사람에게는 독이 될 수 있는 갖가지 나무 열매를 먹고 산다. 둥지는 커다란 나무 위에 나뭇가지를 엉성하게 쌓아 평평하게 튼다. 새끼들은 균형을 잡으려고 작은 날개를 퍼덕이며 작은 발톱으로 둥지 위로 경쟁하듯 올라가려고 한다. 태어나서 4주일쯤 지나면 둥지를 떠나는데, 그 전에 비행 연습을 해야 한다.

## 큰코뿔새
아이 울음소리처럼 크고 슬픈 소리를 낸다. 코뿔새 부부는 나무에 구멍을 뚫고 그 속에 둥지를 튼다. 둥지가 완성되면 수컷은 암컷과 새끼를 보호하기 위해서 암컷을 둥지에 두고 입구를 막아 버린다. 수컷은 먹이를 가져와 둥지 입구의 작은 틈으로 암컷에게 준다.

**아프리카팔색조**
Pitta angolensis
길이 : 18cm

## 아프리카팔색조
작고 경계심이 강한 이 새는 곤충 같은 먹이를 찾으려고 열대 우림 바닥의 작은 나무들 사이를 뛰듯이 날아다닌다. 깃털이 아주 밝고 화려하지만, 숲의 무성한 나뭇잎과 어울려 잘 구별되지 않는다. 적을 만나면 날개를 펴고 부리를 위로 세우고 몸을 바짝 웅크린다.

수컷만 희고 뻣뻣한 술이 있다.

## 콩고공작
아프리카에서 처음부터 산 꿩과의 새이다. 아프리카에서 사는 다른 공작 종류들은 아시아에서 왔다. 콩고 공작은 다른 공작들과는 달리 꼬리가 짧다. 열대 우림의 바닥에서 살고, 식물의 열매와 곤충을 먹는다. 암컷과 수컷이 함께 알과 새끼를 보호한다.

암컷과 수컷의 깃털 빛깔이 모두 밝고 화려하다.

**콩고공작**
Afropavo congensis
길이 : 71cm

# 사바나
## *The Savannah*

기후가 건조하고 풀에 덮인 사바나 초원은 새들에게 식물의 씨와 곤충 등을 풍부하게 제공한다. 기린, 얼룩말, 코뿔소 같은 동물의 등에 앉아 기생충들을 뾰족한 부리로 잡아먹는 황소쪼기새도 있고, 사자 같은 포식자들이 잡아먹고 남긴 동물의 사체를 말끔히 청소하는 독수리나 대머리황새도 있다. 베짜는새, 찌르레기, 파랑새 같은 새들은 건조한 사바나의 일부 지역에서 자라는 아카시아 나무 꼭대기에 둥지를 튼다. 땅에 둥지를 숨겨 트는 작은 새들도 있다. 새들은 풀이 자라고 먹이가 풍부한 우기에 새끼를 기른다.

갈고리처럼 생긴 부리로 먹이를 찢어 먹는다.

**잔점배무늬수리**
Polemaetus bellicosus
길이 : 83cm

튼튼하고 흰 발톱으로 먹이를 죽이기도 한다.

0  400  800  1200 km

## 잔점배무늬수리
아프리카에서 가장 크고 힘센 수리이다. 암컷은 편 두 날개의 길이가 2.6m나 된다. 높은 하늘에서 빙빙 돌다가 먹이를 보면 쏜살같이 내려가 잡는다. 나뭇가지에 앉아 먹이가 나타나기를 기다리기도 한다. 키가 큰 나무에 둥지를 트는데, 암컷은 대부분 알을 하나 낳는다.

아틀라스

사하라

나제르 강

**타조**
Struthio camelus
길이 : 최대 2.5m

## 뱀잡이매
영어 이름은 '비서새'이다. 머리에 있는 깃털이 옛날 비서들이 깃털이 달린 펜을 귀에 꽂은 모습과 비슷하기 때문이다. 작은 포유동물, 곤충, 작은 새와 그 새들의 알 등을 먹고 산다. 작은 동물은 날카로운 부리로 물어 죽이지만, 큰 동물은 부리로 계속 쪼아 죽인다. 뱀을 죽일 수도 있다. 짝짓기 때가 되면 하늘로 날아올라 이상한 울음소리를 낸다. 나무 꼭대기에 나뭇가지를 평평하게 쌓아 둥지를 튼다.

사냥할 때 가끔 머리의 볏이 일어선다.

타조는 발에 발가락이 둘씩 있다.

튼튼한 다리와 발톱이 있어 지속 70km로 달릴 수 있다.

## 타조
세계에서 가장 큰 새이다. 눈이 밝아 건조한 사바나에서 힘들이지 않고 뛰어다니며 풀잎, 풀씨, 곤충 등을 찾아 먹는다. 수컷은 땅을 움푹하게 파 둥지를 튼다. 여러 마리의 암컷이 한 둥지에 알을 낳는다.

**뱀잡이매**
Sagittarius serpentarius
길이 : 1.5m

## 흰허리민목독수리
흰허리민목독수리는 아프리카 초원 지대의 하늘에서 빙빙 돌며 다른 동물이 먹다 남긴 동물의 사체를 찾는다. 머리와 목에 깃털이 나지 않아 먹이를 파먹을 때 깃털이 피에 더럽혀지지 않는다. 먹이를 먹은 뒤에는 잘 날 수 있도록 깃털을 다듬는다.

다리가 길어 풀이 높게 자란 곳에서 쉽게 걸을 수 있다.

## 검은머리베짜는새

천적을 피하려고 무리를 짓고 둥지를 튼다. 한 나무에 백 개 이상의 둥지를 틀기도 한다. 둥지는 수컷이 풀줄기를 엮어서 둥글게 튼다. 짝짓기 때가 되면 암컷을 유혹하려고 둥지 위아래로 옮겨 다니며 날개를 퍼덕거린다. 암컷이 둥지가 마음에 들면 그 둥지에 알을 낳고 혼자 새끼를 기른다.

검은머리베짜는새의 둥지는 뱀 같은 적이 접근하지 못하게 나뭇가지 끝에 있다.

베짜는새는 길고 녹색인 풀줄기로 바구니를 엮듯이 원형으로 둥지를 튼다.

수컷은 다른 둥지에서 풀줄기를 몰래 가져오기도 한다.

검은머리베짜는새
Ploceus cucullatus
길이 : 18cm

천인조
Vidua paradisaea
길이 : 13cm

수컷은 암컷을 유혹하려고 날면서 암컷에게 꼬리 깃털을 자랑한다. 짧고 넓은 꼬리 깃털 두 개와 바로 아래에 긴 꼬리 깃털 두 개가 있다.

## 아프리카

나일 강

차드 호

콩고 강

잠베지 강

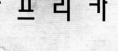

## 천인조

수컷은 긴 꼬리 깃털로 암컷을 유혹하거나 다른 경쟁자 수컷에게 경고를 보낸다. 이 새는 어린 새끼를 돌보지 않는다. 대신 암컷은 멜바핀치의 둥지에 알을 낳는다. 천인조 새끼는 입 속의 빛깔이 핀치 새끼의 입 속 빛깔과 같고, 핀치 새끼의 울음소리와 몸짓을 흉내 낸다. 그래서 핀치 어미가 천인조 새끼를 자신의 새끼로 알고 먹이를 물어다 준다.

암컷의 깃털은 연한 갈색이다.

번식기에는 수컷의 꼬리 깃털이 28cm까지 자란다.

진홍벌잡이새는 수백 마리가 무리를 지어 살아간다. 종종 모랫둑 옆면에 굴을 파서 둥지를 튼다.

가운데 꼬리 깃털은 길이가 12cm나 된다.

꿀안내새는 피부가 아주 두꺼워 벌의 침으로부터 몸을 보호한다.

## 큰꿀안내새

꿀안내새는 꿀벌의 집이 있는 곳을 알려 준 뒤 사람이나 오소리 등이 벌집을 놓으면 날아가 꿀을 먹는다. 암컷은 다른 새의 둥지에 하나의 알만 낳는다. 어린 꿀안내새는 부리로 다른 어린 새끼들에게 상처를 입히거나 죽인다.

자주 앉는 곳에서 특별한 울음소리를 낸다.

진홍벌잡이새
Merops nubicus nubicoides
길이 : 38cm

## 진홍벌잡이새

타조, 황새, 염소, 양 같은 동물의 등에 앉아 있다가 이 동물들의 발길질에 놀라 튀는 곤충들을 낚아채 먹는다. 초원에 불이 나면 불을 피해 도망쳐 오는 곤충들을 잡아먹기도 한다. 벌잡이새는 특이하게 침이 있는 곤충들을 잡아먹는데, 침을 없앤 후 통째로 삼킨다.

큰꿀안내새
Indicator indicator
길이 : 20cm

# 강, 호수, 습지
## *Rivers, Lakes and Swamps*

아프리카의 나일 강과 니제르 강, 사드 습지, 오카방고 소택지 등에는 물고기가 아주 많아서 왜가리, 백로, 따오기, 황새, 펠리칸 같은 새들이 모여 살고 있다. 풀과 갈대가 자라는 따뜻하고 얕은 물가는 새들에게 피난처와 둥지 틀 장소를 제공한다. 아프리카 동부에는 지각 변동 때문에 생긴 길고 좁은 골짜기인 대지구대가 뻗어 있다. 대지구대 아래쪽 평평한 곳에서는 홍수가 일어 여러 개의 호수가 만들어졌다. 유럽과 아시아에서 날아온 새들이 이동하다가 이 호수와 늪지대에서 쉰다.

삼색독수리
*Haliaeetus vocifer*
길이 : 76cm

암컷과 수컷이 상대방을 유혹하려고 나는 기술을 뽐낸다. 서로 발톱을 움켜쥐고 공중제비를 하듯 재주를 부린다.

**삼색독수리**
물가에 있는 큰 나무의 가지에 앉아 많은 시간을 보낸다. 가끔 물로 곤두박질쳐 힘센 발톱으로 물고기를 움켜쥔다. 때로는 물고기를 물에 씻으려고 발을 물속에 넣었다 꺼낸다.

검은해오라기
망치머리황새
아프리카물꿩
홍학
삼색독수리
물고기잡이올빼미
넓적부리황새

아프리카
아덴 만
인도양
대서양
니제르 강
볼타 호
타나 호
청나일 강
백나일 강
사드 습지
투르카나 호
콩고 강
대지구대
빅토리아 호
탕가니카 호
말라위 호
잠베지 강
오카방고 소택지
칼라하리 사막
림포포 강
오렌지 강

0   300   600   900 km

물고기잡이올빼미
*Scotopelia peli*
길이 : 61cm

눈이 커서 어두운 곳에서도 잘 볼 수 있다.

**물고기잡이올빼미**
낮에는 강가나 호수 근처의 나무에 숨어 있다가 밤이 되면 강이나 호수 위를 낮게 날아다니며 힘센 발로 물고기를 잡는다. 다리와 발에는 털이 없어서 물에 닿아도 젖지 않는다. 다른 올빼미와는 달리 조용히 날기 위한 부드러운 깃털이 없다. 물고기를 잡을 때는 조용히 날 필요가 없기 때문이다.

발아래에 작게 튀어나온 것들이 있어 물고기나 개구리를 움켜쥘 때 미끄러져 놓치지 않는다.

수백만 마리의 홍학이 투르카나 호 같은 대지구대 근처에 생긴 호수에 모여 살면서 작은 동식물 플랑크톤을 먹는다.

**삼색독수리**
물가에 있는 큰 나무의 가지에 앉아 많은
시간을 보낸다. 가끔 물로 곤두박질쳐 힘센
발톱으로 물고기를 움켜쥔다. 때로는 물고기를 물에 씻
으려고 발을 물속에 넣었다 꺼낸다.

방고 소택지는 넓은 늪 지역이다. 황새와 사다새 등이 하마나 야생
는 등과 함께 살고 있다.

망치머리황새
Scopus umbretta
길이 : 50cm

둥지 하나를
트는 데 한 달에서
여섯 달이 걸린다. 해마다
둥지를 여럿 틀기도 한다.

짧은 꼬리와 넓은
날개로 쉽게 날
수 있다.

**검은해오라기**
얕은 물속에 서서 두 날개로 그늘을 만들어 물고기를 잡는다. 그늘진
곳은 햇빛이 물에 반사되지 않아 물고기를 쉽게 볼 수 있고, 물고기는
그늘진 어두운 곳이 더 안전하다고 생각해 몰려 올 수도 있다.
물고기를 발견하면 부리로 찔러 잡는다.

검은해오라기
Egretta ardesiaca
길이 : 최대 66cm

발가락에는
부분적으로
물갈퀴가 있다.

커다란 머리가 큰
부리를 잘 버텨 준다.

눈이 커서 물속의
물고기나 다른
먹이를 잘 볼
수 있다.

한 번에 2, 3초쯤
물 위에 우산을
씌우듯이 그늘을
만든다.

부리의 끝이
갈고리처럼
휘어서 물기가
있는 미끄러운
먹이를 잘 잡을
수 있다.

길고 가는 부리로
먹이를 찌른다.

넓적부리황새
Balaeniceps rex
길이 : 1.2m

**남미홍학**
수천 마리의 홍학이 아프리카 호숫가에 무리를
지어 둥지를 틀고 물속의 작은 생물을 먹는다.
부모 새는 새끼들을 배불리 먹이려고 소화관에
있는 작은 주머니에서 우유 비슷한 먹이를 만든다.
이것은 부모 새가 먹은 먹이가 몸속의 분홍색
색소에 물들어 분홍색을 띤다. 깃털이
분홍색을 띠는 것도
마찬가지 이유이다.

**넓적부리황새**
다른 이름은 '구두부리새' 이다. 부리의 모양이 구두
같아서이다. 큰 부리로 물고기, 악어의 어린 새끼,
거북, 개구리, 뱀 따위를 잡아먹는다. 더운 여름에는
부모 새들이 부리로 물을 떠다가 어린 새끼들에게
뿌려 더위를 식혀 준다.

남미홍학
Phoeniconaius minor
길이 : 1m

아프리카물꿩
Actophilornis africanus
길이 : 28cm

**아프리카물꿩**
물에 떠 있는 식물 위를 걸어 다니며
먹이를 찾는다. 수컷이 둥지를 틀고
알을 품고 새끼를 돌본다.

새끼는 배가 고프면
먹이를 달라고
울음소리를 낸다.

긴 발가락과 발톱이
넓게 퍼져 물에 떠 있는
식물 위를 걸을 수 있다.

# 아시아 *Asia*

북부아시아, 중부아시아, 남서아시아 대부분은 춥고 건조해서 몇 안 되는 새 종류만이 살 수 있다. 추운 겨울이 오기 전에 많은 새들이 남쪽으로 이동한다. 그러나 따뜻하고 비가 많은 동남아시아의 열대 지역에서는 꿩, 꼬리치레, 딱새, 울새, 지빠귀 등 다양한 종류의 새들이 살고 있다. 청란꿩, 큰뿔코뿔새 등은 아시아에서만 관찰된다. 아시아는 서쪽이 유럽, 아프리카와 이어져 있어 유럽, 아프리카에서 보이는 새들과 같거나 비슷한 새들이 관찰된다. 남쪽에 있는 동남아시아의 여러 섬들은 징검다리처럼 놓여 있어 여러 종류의 새들이 뉴기니 섬이나 오스트레일리아로 이동할 수 있다.

## 인도의 이동
대륙의 이동은 인도를 다른 곳으로 옮겨 놓았다.

### 약 2억 년 전
아프리카, 오스트레일리아, 남극 대륙과 이어져 있던 인도가 떨어져서 북쪽으로 천천히 움직였다.

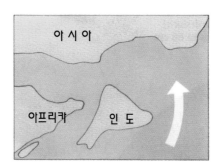

### 약 6천만~4천만 년 전
아시아와 충돌, 아시아 대륙의 바다 아래에 있는 땅을 치솟게 하여 거대한 히말라야 산맥을 만들었다. 인도는 지금도 10만 년에 1km쯤 아시아 대륙을 밀고 있다.

## 기후와 지형
거대한 카라코람 산맥, 파미르 고원, 히말라야 산맥이 아시아를 동부와 서부로, 그리고 인도 및 동남아시아의 따뜻하고 습한 지역과 중앙아시아의 서늘하고 건조한 지역으로 나누었다. 동남아시아는 주로 바다 밑에서 화산이 폭발하여 생긴 수천 개의 섬으로 이루어져 있다.

인도네시아 같은 동남아시아의 많은 섬들은 여름에는 비가 내리고 겨울에는 서늘하며 건조한 몬순 기후이다. 계절은 강한 바람에 따라 바뀐다.

---

## 아시아의 특이한 새들

### 가장 시끄러운 딱따구리
나무줄기를 쪼아 대는 소리는 1.8km 떨어진 곳에서도 들을 수 있다.

까막딱따구리
*Dryocopis martius*

### 성장이 가장 빠른 새
캐버츠트라고판. 알에서 나와 스물네 시간이 지나기 전에 날개 깃털이 자라 곧바로 나무 사이를 날아다닐 수 있다.

### 몸무게가 가장 무거우면서도 날아다니는 새
느시. 수컷의 몸무게는 최대 18kg이나 된다.

### 가장 수다스러운 새
구관조는 세계에서 가장 수다스러운 애완용 새이다.

### 머리가 가장 무거운 새
긴꼬리코뿔새의 부리는 흰 투구 모양과 단단함 때문에 다른 어떤 새의 부리보다 무겁다.

### 세계에서 가장 긴 꼬리가 있는 새
관머리청란꿩. 수컷의 꼬리 깃털은 길이가 1.7m, 폭은 13cm쯤 된다.

느시
*Otis tarda*

## 아시아의 자연 환경

**세계에서 가장 높은 산**
히말라야 산맥에 있는 높이 8,848m의 에베레스트 산.

### 새들의 종류
스리랑카, 수마트라, 자바, 보르네오, 타이완, 하이난, 필리핀 등 아시아의 열대 지역에서 사는 새는 1,900여 종류이다. 필리핀에만 300여 종류의 새가 있다.

### 세계에서 가장 큰 숲
북아시아의 '타이가' 라는 침엽수림. 서쪽의 스칸디나비아에서 동쪽의 태평양 연안에 이르기까지 약 1억 2천만㎢나 펼쳐져 있다.

### 가장 많은 화산
인도네시아의 자바 섬에는 50여 개의 화산이 있다. 그중에서 브로모 산(아래 사진)이 가장 크다. 일본은 전체 면적의 약 16%가 Z화산 땅에 덮여 있다.

### 가장 큰 삼각주
인도의 갠지스 강과 브라마푸트라 강의 삼각주는 넓이가 60,000㎢나 된다.

### 세계에서 가장 깊은 호수
시베리아의 바이칼 호. 가장 깊은 곳이 1,637m나 된다. 이 호수는 아시아에서 가장 큰데, 세계 민물의 5분의 1을 담고 있다.

### 세계에서 비가 가장 많이 내리는 곳
인도의 체라푼지. 1년에 10,800㎜나 내린다.

## 아시아에서 사는 주요 새들
다음 새들은 아시아의 가장 중요한 서식지에서 살고 있는 새들이다.

**산**
사티로스트라고판 같은 새는 여름에 높은 산에서 살다가 겨울에 낮은 지역으로 내려간다. 아시아의 산들에는 다양한 서식지가 촘촘히 이어져 있다. 산 아래쪽은 열대 우림이 발달해 있고, 높이 올라갈수록 낙엽 활엽수림, 침엽수림, 초원과 바위 지역, 눈 덮인 꼭대기를 볼 수 있다.

**열대 우림**
홍가슴트로곤은 동남아시아의 열대 우림에서 사는 열한 종류의 트로곤 가운데 한 종류이다. 코뿔조, 오색조, 팔색조, 태양새 등도 이 열대 우림에서 살고 있다.

홍가슴트로곤

사티로스트라고판

솔잣새

**침엽수림**
솔잣새는 북아시아의 드넓은 숲에서 산다. 어치, 황여새, 올빼미, 박새, 딱따구리, 잣까마귀, 들꿩 등도 침엽수림에서 산다.

긴꼬리때까치

**사막과 관목 지역**
긴꼬리때까치는 종다리, 사막꿩 등과 함께 사막과 관목 지역에서 곤충이나 식물의 씨를 먹고 산다.

**강, 호수, 습지**
열린부리황새는 다른 종류의 황새, 왜가리, 뜸부기, 두루미, 저어새, 따오기, 오리, 기러기, 고니 등과 함께 물가 서식지에서 산다.

열린부리황새

**숲속**
공작을 비롯한 약 89종류의 꿩들이 아시아의 열대 우림과 동남아시아의 섬 등에서 산다.

**사람 근처**
집까마귀는 비둘기, 찌르레기, 앵무새, 참새 등과 함께 사람들과 가까운 들, 집, 정원 등에서 살고 있다.

집까마귀

공작

베링 해
오호츠크 해
레나 강
바이칼 호
홋카이도
혼슈
동 해
일 본
대한민국
시코쿠
규 슈
황 하
화
양쯔 강
중 국
동중국 해
타이완
태 평 양
아
메콩 강
필리핀
시암 만
보르네오 섬
뉴기니 섬
셀레베스 섬
안다만 해
수마트라 섬
인 도 네 시 아
자 바
오스트레일리아

# 히말라야 산맥
## *The Himalayas*

거대한 히말라야 산맥은 꼭대기가 눈에 덮여 있고, 아래쪽 에는 숲이 발달해 있다. 산꼭대기 근처는 급한 바위 비탈이 있고, 나무 주위 에 많은 동물이 죽는다. 그래서 동물의 사체를 먹고 사는 수염수리, 독수리, 까마귀 등에게 풍부한 먹이를 제공한다. 따뜻한 여름에는 산비탈에 작은 식물들이 자라 꽃을 피우기도 해 곤충들이 산다. 바위종다리, 딱새 등이 여름이 넘어다니며 이런 곤충들을 잡아먹는다. 비둘기 같은 새는 이곳에서 식물의 뿌리나 싹, 씨 등을 먹고 산다. 많은 새들이 여름에는 산 위쪽에서 먹이를 먹고 새끼를 기르다가 겨울이 되면 산기슭의 숲으로 내려간다. 숲에는 나무 열매와 씨가 많아 찌르레기, 꼬리치레, 앵무새 등이 모여든다.

V자 대형을 이루어 나는 것은 몸에 부딪치 는 바람의 저항을 줄여 뒤쪽의 기러기가 날 쉽게 하기 위해서이다.

검은줄머리기러기
Anser indicus
길이 : 75cm

### 검은줄머리기러기
중앙아시아에서 번식하고, 히말라야 산맥을 넘어 인도에서 겨울을 보낸다. 낮에는 강이나 호수에서 쉬다가 밤이 되면 농경지에서 먹이를 찾는데, 농부들이 손 총에 먹이 맞아 죽기도 한다. 먹이를 찾아 이동할 때는 잉잉한 울음소리를 낸다.

수염수리
Gypaetus barbatus
길이 : 1m
편 두 날개 길이 : 최대 2.7m

뼛조각과 같은 깃털이 수염처럼 나 있다.

크고 가는 뼛속의 골수를 꺼내 먹는다.

### 수염수리
수염수리는 높은 산비탈 위의 하늘을 날면서 맘모두수리가 살을 먹고 버린 동물의 뼈를 찾는 다. 뼈를 깨뜨리려고 뼈를 물고 하늘 높이 날아 올라가 바위 위에 떨어뜨리기도 한다. 깨지면 뼈 속에 들어 있는 골수를 먹는다. 헤어나 뼈를 깨뜨리기 좋은 같은 장소로 돌아온다. 가끔 만물 거북도 같은 방법으로 깨뜨려 먹는다.

### 벽나무발발이새
수직의 바위벽을 재빨리 올라가 휘어진 날카로운 부리로 곤충을 잡아 먹는다. 먹이를 찾는 동안 가끔 날개를 활짝 편다. 여름에는 높은 산으로, 겨울에는 낮은 곳으로 이동한다.

수컷은 여름에 목이 검은색을 띤다.

날개를 날갯짓을 하는 것낫 비슷하나 '바위새'라고도 한다.

벽나무발발이새
Tichodroma muraria
길이 : 15cm

인더스 강
브라마푸트라 강
갠지스 강
힌두쿠시 산맥
인도

검은줄머리기러기 / 수염수리 / 벽나무발발이새 / 힘말라야오색앵
히말라야앵 / 흰뺨지빠귀 / 인디언찌르레기

인동꽃의 수컷은 아름다운 깃털로 암컷을 유혹한다. 대부분의 공작들처럼 히말라야 수컷은 새벽에 춤을 추듯 깃털을 부풀린다.

인디언제르베기
Gracula religiosa
길이 : 28cm

길고 튼튼한 다리로 산을 오른다.

히말라야꿩
Lophophorus impejanus
길이 : 70cm

암컷의 갈색 깃털은 둥지에서 자신의 몸을 숨기는 데 도움을 준다.

수컷

암컷

### 히말라야꿩

히말라야 산맥의 초원과 숲에서 사는데, 계절에 따라 산 위쪽과 아래쪽으로 이동한다. 튼튼하고 힘 부리로 많은 양을 파서 식물의 뿌리나 뿌리 열매, 곤충의 애벌레 등을 먹는다. 수컷은 암컷을 유혹하려고 머리 위의 깃털을 세우고, 이름다운 꼬리 깃털을 부풀리고, 꼬리 깃털을 부채처럼 펴고, 날개를 아래로 내린다.

### 인디언제르베기

산 아래쪽 낮은 비탈의 숲에서 사는데, 주로 나무 열매와 꽃이 풍을 먹는다. 아주 다양한 휘파람 소리 같은 음을 소리를 내고, 사람 소리를 흉내 낼 수 있다. 그래서 사람들이 애완용 새로 기르려고 많이 잡는다.

피부가 접히서 생긴 밝은 노란색이 늘어진 살이 특별히 눈에 된다.

### 흰빰직박구리

히말라야 산맥의 2,100m 이상 높은 곳에서 산다. 기끔 나무에 앉아 꼬리를 위아래로 흔들고, 큰 웃음소리를 낸다. 사람을 두려워하지 않고 호기심이 많아 도시나 마을에서 산에도 먹이를 흙지려고 집안으로 들어오기도 한다.

흰빰직박구리
Pycnonotus leucogenys
길이 : 20cm

히말라야 산맥에서 사는 이 직박구리종류는 머리 위에 긴 깃털이 있다.

짧은 날개와 긴 꼬리는 직박구리의 특징이다.

### 히말라야오색팅

이 새의 털갈이한 깃털 밝았던 높은 산비탈에 있는 바위나 눈과 잘 어울려 위장이 된다. 식물의 뿌리, 줄기, 잎, 씨 등 모든 것을 먹는데, 때로는 많은 눈을 파서 먹이를 찾는다. 번식기가 되면 수컷은 암컷을 유혹하려고 휘파람 소리 같은 소리를 낸다.

히말라야오색팅
Tetraogallus himalayensis
길이 : 56cm

힘들기 같은 새들은 무리를 지어 아주 높이 날아 꼭대기가 눈에 덮여 있는 히말라야 산맥을 넘어간다.

# 동남아시아
## *Southeast Asia*

동남아시아의 얕은 바다에는 섬이 많다.
오스트레일리아와 뉴기니 섬에서 가까운 섬들에는 아시아에서
사는 새들과 오스트레일리아에서 사는 새들이 섞여 있다.
필리핀 같은 조금 더 먼 지역에 있는 섬들에서는 다른 곳의
새들과 접촉할 수 없어서 특이한 새들이 많이 진화했다.
동남아시아의 섬들 가운데 몇몇은 거대한 바다 밑 화산의
꼭대기이다. 이 지역의 풍부한 화산흙과 덥고 습한 기후가
무성한 열대 우림을 만들었다. 이 열대 우림에서는
다양한 종류의 새들이 곤충, 식물의 열매와 씨 등을
먹고 산다. 새들은 우거진 숲 때문에 위장되어 잘 보이지
않는다.

흰 부리로 먹이를 찢어 먹는다.

원숭이잡이수리
Pithecophaga jefferyi
길이 : 95cm

### 원숭이잡이수리
숲 위의 하늘에서 천천히 빙빙 돌거나
나뭇가지에 앉아 있다가 먹이를
공격한다. 원숭이, 날아다니는
여우원숭이, 코뿔새처럼 큰 새, 작은
사슴 등을 사냥한다. 숲이 파괴되면서
맹금류 중에서 가장 희귀한 종이
되었다. 야생으로는 겨우 수백 마리가
살아 있다.

날아다니는 여우
원숭이가 가장
좋아하는
먹이이다.

꼬리 한가운데에
긴 꼬리 깃털이
둘 있다.

수컷은 암컷을
유혹하려고 아름다운
날개 깃털을 부채처럼
활짝 편다.

### 푸른목도리꿩
번식기가 되면 수컷은 숲 바닥에
떨어진 나뭇잎이나 나뭇가지를 깨끗이
치운 다음 암컷을 유혹하려고 울음소리를
크게 내고 몸을 꼿꼿하게 세운다. 암컷
한 마리가 다가오면 눈부시게 아름다운
날개 깃털을 활짝 펴고 춤을 춘다.

푸른목도리꿩
Argusianus argus
길이 : 수컷(꼬리 함께) 1.9m,
암컷 63cm

바다제비칼새
Aerodramus fuciphagus
길이 : 10cm

침으로 튼 둥지

### 바다제비칼새
수천 마리가 무리를 지어 바닷가나 열대 우림에
있는 동굴 속에 둥지를 튼다. 컵처럼 생긴 둥지는
거의 모두 입에서 나온 침으로 만드는데, 이 침은
시멘트처럼 단단히 굳어진다. 둥지는 동굴 벽이나
천장에 붙어 있다. 사람들이 둥지를 떼어다
스프를 만들어 먹기도 해서 높은 값에 팔린다.

---

### 코뿔새
부리 위에 투구 모양의 뿔이 있어서 이런 이름
이 붙었다. 이 뿔은 벌집 같은 가벼운 뼈가 얇은
피부에 덮여 있다. 무엇에 쓰이는지는 확실하지
않다. 암수의 성과 나이를 구별하는 데 쓰인다
고 하는 학자도 있고, 더 큰 소리를 내도록 도와
준다고 하는 학자도 있다.

큰코뿔새
Buceros bicornis
크고 노란 투구 모양의
뿔이 있고, 크고 우렁찬
울음소리를 낸다.

긴꼬리코뿔새
Rhinoplax vigil
코뿔새 중 유일하게 투구
모양의 뿔이 단단하다.
뿔은 코끼리 상아와 같은
물질로 이루어져 있다.

큰뿔코뿔새
Buceros rhinoceros
코뿔소의 코처럼 끝이
치켜올라간 뿔이 있다.

붉은목코뿔새
Aceros nipalensis
투구 모양의 뿔이 없다.

# 동 남 아 시 아

통킹 만

남중국 해

태 평 양

안다만 제도

시암 만

해안을 따라 펼쳐진 맹그로브 습지에는
황새와 물총새가 좋아하는 물고기가 많다.

원숭이잡이수리    바다제비칼새
긴꼬리재봉새      큰코뿔새
푸른목도리꿩      큰뿔코뿔새
푸른넓적부리새    붉은목코뿔새
푸른머리앵무      긴꼬리코뿔새

보르네오 섬

수마트라 섬

셀레베스 섬

뉴기니 섬

인 도 네 시 아

자바 해

자바 섬

플로레스 섬

티모르 해

티모르 섬

인 도 양

0  200  400  600 km

빛깔이 화려한 트로곤새는 동남아시아의 모든
숲에서 발견된다. 나뭇잎에서 사는 큰 곤충을 주로
잡아먹는다.

### 긴꼬리재봉새
Orthotomus sutorius
길이 : 12cm

꿰맨 잎 속에
둥지를 튼다.

수컷은 짝짓기 때가
되면 두 개의 긴 꼬리
깃털이 자란다.

긴 날카로운
부리로 나뭇잎
가장자리에
구멍을 뚫는다.

### 푸른넓적부리새
화려한 녹색 깃털이 숲의 나뭇잎과 잘
어울린다. 그래서 천적이 잘 찾아내지 못한다.
이 새는 나무 열매, 식물의 싹, 곤충 같은
먹이를 찾아 작은 무리를 지어 숲속을 천천히
돌아다닌다. 먹이를 먹을 때 휘파람 소리나
물방울이 생길 때 나는 소리, 개구리가 내는
소리 비슷한 소리를 낸다.

수컷은 암컷보다
깃털이 더 화려하고,
날개에는 검은색
줄무늬가 있고, 목에는
검은색 점들이 있다.

### 긴꼬리재봉새
덤불이나 작은 나뭇가지에서 하나 이상의
나뭇잎을 바느질하듯 꿰매 둥지를 틀어서
붙은 이름이다. 부리를 바늘처럼 사용해
나뭇잎 가장자리에 여러 개의 구멍을
뚫고, 구멍들에 곤충이나 거미의 실, 또는
솜처럼 식물로 만든 실을 넣어 당긴다.
나뭇잎이 주머니처럼 되면 그 속에
둥지를 튼다.

### 푸른머리앵무
Loriculus galgulus
길이 : 12cm

### 푸른넓적부리새
Calyptomena viridis
길이 : 20cm

나뭇가지에 거꾸로
매달려 잠을 자거나
쉰다.

### 푸른머리앵무
크기가 참새만한 푸른머리앵무는 식물의 꽃, 열매,
씨, 꽃의 꿀 등을 먹는다. 딱따구리처럼 빳빳한
꼬리를 나뭇가지에 바싹 붙여서 몸을 지탱한다.
밤에는 천적을 피하기 위해 박쥐처럼 나뭇가지에
거꾸로 매달린다.

# 한국, 중국, 일본
## *Korea, China, Japan*

한반도는 반도를 따라 태백산맥이 있어 동서남북의 기후가 다양하다. 온대에 위치하고 있어 계절의 변화도 뚜렷하다. 고니, 두리미, 흰꼬리수리 등 희귀 동물들이 살고 있다. 중국 남서부의 숲에는 태믹트로코판새, 황금꿩 같은 새들이, 중국 북부의 거친 사막과 초원에서는 사막꿩이나 느시 같은 새들이 살고 있다. 일본의 섬들은 수백만 년에 걸쳐 아시아 대륙에서 떨어져 나왔기 때문에 많은 새들이 독특하게 진화했다. 남쪽의 따뜻한 규슈부터 북쪽의 추운 홋카이도에 이르기까지 다양한 서식지에서 꿩, 두루미 등 많은 새들이 살고 있다.

## 참수리
해마다 겨울이 되면 홋카이도 북동부의 가파르고 숲이 있는 골짜기에 여러 마리가 모여 있다. 밤에는 이 골짜기에서 추운 바람을 피하고, 낮에는 물고기를 사냥하러 간다. 바다 위에서 천천히 빙빙 돌다가 튼튼하고 날카로운 발톱으로 물고기를 잡는다. 바다사자 등 죽은 동물의 고기를 먹기도 한다.

**참수리**
*Haliaeetus pelagicus*
길이 : 수컷 88cm, 암컷 1m

수컷은 눈 둘레가 빨갛다.

풀, 나뭇잎, 지의류, 이끼 등으로 지은 둥지

## 스윈호오목눈이
갈대숲에서 사는데, 수양버들 같은 나무에 털지갑 같은 둥지를 매달듯 튼다. 약 2주에 걸쳐 암컷과 수컷이 함께 만든다. 암컷은 둥지에 알을 7~8개쯤 낳는다. 어린 새끼들은 2~3주 정도 둥지에 머문다.

**스윈호오목눈이**
*Remiz pendulinus*
길이 : 11cm

암컷과 수컷의 꼬리가 모두 길다.

**미카도꿩**
*Syrmaticus mikado*
길이 : 수컷 88cm, 암컷 53cm

## 미카도꿩
타이완 섬에서만 산다. 참나무, 향나무, 소나무, 대나무 등이 빽빽한 숲에서 식물의 열매, 씨, 잎, 곤충 등을 먹는다. 암컷은 봄에 5~10개의 알을 낳는데, 새끼가 태어나기까지는 한 달쯤 걸린다.

나무껍질을 찔러 벌레를 잡아먹을 수 있는 뾰족한 부리

**동박새**
*Zosterops japonica japonica*
길이 : 11cm

## 흰줄박이오리
빠르게 흐르는 물에서 산다. 겨울에는 해안의 바위에서 여러 달을 보내고, 여름이 되면 급류가 있는 산으로 이동한다. 수영 실력이 뛰어나서 물살이 세도 헤엄을 잘 친다. 종종 선명한 휘파람 소리를 낸다.

## 동박새
일본 혼슈 섬에서 산다. 무리를 지어 곤충, 식물의 씨, 꽃, 싹, 열매 등을 찾아 이 나무 저 나무로 날아다닌다. 여름에는 솔처럼 생긴 혀로 꽃 속의 꿀을 먹고, 겨울에는 가끔 식물의 씨나 열매를 먹으려고 사람이 사는 집의 정원으로 날아들기도 한다.

**흰줄박이오리**
*Histrionicus histrionicus*
길이 : 최대 48cm

번식기가 되면 수컷은 암컷을 유혹하려고 깃털이 아름다워진다.

0 250 500 750 km

까치는 우리나라의 나라새이다. 이른봄에 낙엽활엽수에 둥지를 틀어, 5~6개의 알을 낳는다. 쥐, 곤충·나무열매·곡물 외에 나무의 해충을 잡아먹는 익조이다.

아름다운 큰고니는 겨울이 되면 일본의 해안으로 이동한다. 그리고 봄이 되면 민물이 있는 못가에 둥지를 틀고 번식한다.

이르티시 강
오브 강
아 시 아
쿤룬 산맥
티베트 고원
힌두쿠시 산맥
인더스 강
히 말 라 야 산 맥
갠지스 강
브라마푸트라 강
인 도
벵 골 만
아 라 비 아 해
중 국
황하
양쯔 강
살윈 강
메콩 강
대한민국
황 해
동 해
일 본
홋카이도
혼슈
시코쿠
규슈
태 평 양
하이난 섬
남 중 국 해
필리핀
타이완

까치
스윈호오목눈이
참수리
미카도꿩
동박새
흰줄박이오리
사막꿩
두루미

## 사막꿩

중앙아시아와 중국 북부의 건조한 사막과 초원에서 산다. 식물의 씨나 뿌리를 먹으며, 물을 찾아 먼 곳까지 이동한다. 새끼가 어려서 날지 못하는 동안 수컷은 새끼들에게 물을 갖다 준다. 배의 깃털에 물을 흠뻑 적신 다음 둥지로 가서 새끼들에게 먹인다.

사막꿩
Syrrhaptes paradoxus
길이 : 최대 41cm

길고 끝이 뾰족한 깃털이 있어 빨리 날 수 있다.

새끼들은 아빠의 배 깃털에 묻은 물을 먹는다.

두루미
Grus japonensis
길이 : 1m

암컷과 수컷이 서로 유혹하려고 춤을 춘다.

## 두루미

짝짓기 때가 되면 암컷과 수컷이 인사를 하듯 머리를 맞대고 날개를 펄럭이며 멋지게 춤을 춘다. 공중으로 깃털이나 돌멩이를 던지기도 한다. 춤을 추며 암컷과 수컷은 더욱 다정해진다. 두루미는 부부가 일생을 함께 보내고, 짝이 정해지면 거의 춤을 추지 않는다. 번식하기 위해 텃세권을 지키는데, 다른 두루미들이 텃세권에 들어오면 큰 소리를 내어 쫓아 낸다.

# 오세아니아 *Australasia*

오세아니아는 오스트레일리아, 뉴질랜드의 섬들, 뉴기니, 수천 개에 달하는 태평양의 작은 섬들로 이루어졌다. 이 대륙은 수천만 년 전에 다른 대륙으로부터 떨어졌기 때문에 이곳에만 사는 새들이 많다. 오스트레일리아의 숲새, 금조, 에뮤, 뉴질랜드의 키위 등이 거기에 속한다. 세계 여러 지역에 있는 꿩, 딱따구리, 핀치 종류는 이곳에서 볼 수 없다. 많은 새들이 나쁜 기후를 피해 1년 중 특정 시기에 이 대륙으로 이동해 온다. 북쪽 시베리아에서는 도요새 종류가, 남쪽에서는 바닷새 종류가 날아온다.

## 기후와 지형

오스트레일리아 중부는 대부분 덥고 건조한 사막 지대이지만, 남부 해안은 시원하고 습하다. 오스트레일리아 북동부와 뉴기니는 일 년 내내 따뜻하고 비가 많이 내리는 열대 지역이다. 지구 남부의 계절은 북부의 계절과 반대이다. 유럽과 아시아가 여름일 때 오세아니아는 겨울이다.

## 오세아니아의 이동

약 1억 년 전, 오세아니아는 남극 대륙과 이어져 있었다. 그런데 약 5천만 년 전, 남극 대륙에서 떨어져 북쪽으로 천천히 움직이기 시작했다. 그 뒤 약 3천만 년 동안 다른 대륙들과 고립되어 독특한 새들이 진화했다. 약 1천만 년 전에 오세아니아는 아시아의 새들이 북부오세아니아로 이동할 만큼 아시아에 가까워졌다.

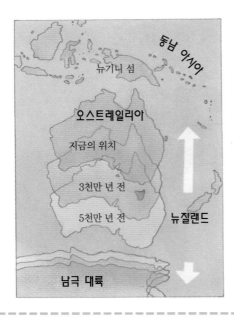

동남 아시아
뉴기니 섬
오스트레일리아
지금의 위치
3천만 년 전
5천만 년 전
뉴질랜드
남극 대륙

## 오세아니아의 재미있는 새들

### 날면서 잠자는 새

가시꼬리칼새는 시속 100km로 빠르게 나는 동안에 잠잘 수 있다.

### 향기가 강한 새

사향오리 수컷은 부리 아래에 있는 주머니를 이용해 암컷을 유혹한다. 번식기에 사향 냄새를 풍기기 때문에 사향오리라는 이름이 붙었다.

호주사다새
*Pelecanus conspicillatus*

### 세계에서 부리가 가장 긴 새

호주사다새. 부리 길이가 47cm쯤 된다.

사향오리
*Biziura lobata*

### 가장 큰 둥지 둔덕을 만드는 새

말리꿩은 폭 5m 이상, 높이 1m 이상의 둥지 둔덕을 만들어 알에서 깬 새끼들을 따뜻하게 한다.

### 부리가 이상하게 휘어진 새

뉴질랜드의 흰부리새는 부리가 오른쪽으로 휘어진 유일한 새이다.

### 큰 새

에뮤와 화식조는 타조 다음으로 큰 새들이다. 이 새들은 타조처럼 몸이 무거워 날지 못한다.

## 오세아니아의 자연 환경

### 세계에서 가장 큰 바위

에어스 록(울루루). 오스트레일리아 중부에 있는데, 길이가 6km, 폭이 2.4km이다. 사막의 바닥에서 348m 솟아 있다.

### 새들의 종류

오스트레일리아에서 사는 새는 1,730종 이상이다. 이중 약 60%는 이곳에서만 번식하는 새로, 다른 지역에서는 볼 수 없다.

### 가장 긴 강

길이 약 3,750km의 머리-달링 강은 오스트레일리아에서 가장 긴 강이다.

### 가장 큰 산호초 지대

오스트레일리아 북동부 해안을 따라 펼쳐진 '대보초'는 세계에서 가장 큰 산호초 지대이다. 길이가 2,000km가 넘는다.

### 가장 높이 치솟은 간헐 온천 지대

뉴질랜드 북섬의 화산지대에 있는 포후트 간헐 온천은 30m 상공까지 치솟기도 한다.

### 가장 적은 인구

남극 대륙을 제외하면 오세아니아는 인구가 가장 적은 대륙이다. 오스트레일리아와 뉴질랜드의 인구수는 이곳에서 기르는 양과 소의 10분의 1쯤밖에 안 된다.

### 가장 평평한 대륙

오스트레일리아는 세계에서 가장 평평한 대륙이다. 육지의 3분의 2가 바다보다 300~600m 높다.

### 가장 큰 호수

오스트레일리아에서 가장 큰 호수는 에어 호이다. 가끔 마르기도 하는데, 물이 차면 넓이가 8,900km²나 된다.

보르네오 섬

셀레베스 섬

뉴기니 섬

인도네시아

자바 섬

아라푸라 해

산 호 해

티모르 해

인 도 양

그레이트샌디 사막

오 스 트 레 일 리 아

기브슨 사막

심프슨 사막

그레이트디바이딩 산맥

그레이트빅토리아 사막

태즈먼 해

뉴 질 랜 드

북 섬

남 섬

그레이트 오스트 레일 리아 만

오색장수앵무

태즈메이니아 섬

남 극 해

풍조

오스트레일리아의 오지는 건조한 초원과 사막으로 이루어졌다. 이 지역이 오스트레일리아를 동부와 서부로 크게 나누고 있어서 태평양에서 불어오는 습한 바람이 대륙 중부에 이르지 못한다.

## 유칼립투스 숲
유칼립투스(유카리나무)의 꿀과 꽃가루는 오색장수앵무를 비롯한 많은 새들의 먹이이다. 앵무새들은 주로 식물의 씨를 먹는다.

## 오세아니아의 주요 새들
다음의 새들은 오스트레일리아의 가장 중요한 서식지에서 사는 새들이다.

## 열대 우림
뉴기니의 울창한 열대 우림에는 37종의 풍조가 살고 있다. 오스트레일리아의 열대 우림에도 4종 이상의 풍조가 산다.

## 습지
천적을 피할 수 있는 습지에 둥지를 트는 볼가황새 같은 새들은 물고기를 잡아먹는다. 해오라기, 백로, 왜가리, 따오기 등도 습지에서 산다.

회색때까치

## 관목 지대
회색때까치와 방울때까치 같은 때까치 종류는 오직 오스트레일리아와 뉴질랜드에서만 관찰된다.

검은고니

## 호수와 강
검은고니뿐만 아니라 오리, 거위 같은 물새도 민물이 있는 서식지에서 먹이를 먹고 둥지를 튼다.

볼가황새

갈색키위

오렌지딱새

## 사막
오렌지딱새를 포함한 몇 종류의 앵무새, 비둘기 등이 사막에서 어렵게 살아간다. 이 새들은 물을 찾으려고 넓은 지역을 돌아 다닌다. 비가 온 뒤에 곤충이 알에서 깨고 식물이 자라면 둥지를 튼다.

## 섬
날지 못하는 갈색키위는 뉴질랜드의 섬에서만 산다. 이 섬으로 날아온 뒤 천적이 거의 없어 비행 능력을 잃었다.

# 숲과 사막 *Woodland and Desert*

오스트레일리아 중부는 뜨거운 사막과 초원, 관목 지대로 이루어져
있다. 이곳의 딱새, 수풀굴뚝새, 앵무새, 비둘기 등은 먼 곳까지
가서 물을 찾아야 하고, 식물의 씨나 열매를 찾아 넓은 지역을 돌아다녀야 한다.
맹금류들은 파충류나 작은 유대류(새끼를 넣어 기르는 주머니가 있는 포유동물)를
잡아먹는다. 오스트레일리아의 남동부와 남서부에는 여러 종류의 유칼립투스가
자라는 숲이 있다. 이곳은 기후가 시원하고 따뜻하다. 우기에 생기는 작은 호수형
습지는 따오기, 사다새, 검은고니, 오리 등에게 먹이와 번식지를 제공한다.
꿀빨이새와 앵무새는 유칼립투스나 뱅크셔 등 꽃이 피는 식물의 꽃가루와 꿀을
먹는다. 앵무새는 부리 힘이 세서 식물의 단단한 열매를 깨 먹을 수 있다. 곤충을
잡아먹는 새들도 유칼립투스 껍질이나 잎에서 먹이를 구한다.

날카로운 부리로
뱀 같은 파충류를
잡아먹는다.

미치광이물총새
Dacelo novaeguineae
길이 : 45cm

## 미치광이물총새

물총새들의 영어 이름은 이 새들이 내는 크고 독특한
울음소리에서 비롯되었다. 이런 울음소리를 내는 것은
텃세권 밖으로 다른 새들을 쫓아내기 위해서이다.
미치광이물총새의 영어 이름은 '숲 사람의 시계' 이다.
새벽에 숲에서 울음소리를 내어 사람들을 깨우기
때문이다. 가끔 도시나 마을로 내려와 사람이 버린
음식을 먹거나 못에서 기르는 금붕어를 잡아 간다.

## 호주흰눈썹벌새

바늘처럼 가늘고 흰 부리로 꽃 속의
꿀을 찾는다. 부리가 길어서 속이
깊은 꽃의 꿀에도 닿을 수 있다.
때때로 꽃 앞의 공중에 멈추어서
혀끝에 있는 솔 같은 것에 꿀을 묻혀
먹는다. 곤충이나 물렁물렁한
나무 열매도 먹는다.

호주흰눈썹벌새
(서방송곳부리꿀빨기새)
Acanthorhynchus superciliosus
길이 : 15cm

유칼립투스 종류의 꽃에서
꿀을 찾아 먹는다.

호주파란굴뚝새
Malurus splendens
길이 : 14cm

나뭇가지에 앉아 있을 때
가끔 꼬리를 치켜든다.

갈색벌잡이새 수컷은 뱅크셔의 꽃을
먹는다. 꽃을 먹을 때 꽃가루가
깃털에 묻어 다른 꽃으로 옮겨진다.

0    200    400    600 km

산 호 해

그레이트샌디 사막

맥도널
산맥

오 스 트 레 일 리 아

기브슨 사막

심프슨 사막

그레이트빅토리아
사막

에어 호

달링 강

널라버 평원

플린더스
산맥

머리 강

그레이트 오스트 레일리아 만

남 극 해

배스 해협

테즈메이니아 섬

번식기가 되면 수컷은 깃털이 윤이 나는
밝은 푸른색이 된다. 암컷은 깃털이
일 년 내내 흐릿한 빛깔이다.

## 호주파란굴뚝새

이 새 부부는 작은 무리 속에서 둥지를 트는데,
무리의 다른 새들도 함께 어린 새끼들을 먹이고
보호한다. 이렇게 도와주는 새들은 아직 부모 곁을
떠나지 못했지만 자기 자신을 지킬 수 있는 어린
새들이다.

무덤새

호주산쑥둑새

미치광이물총새

호주파란굴뚝새

호주흰눈썹벌새

갈색금조

에뮤

### 호주산쏙독새

갈색 깃털에 회색의 작은 반점과 줄무늬가 있어
나무의 껍질과 어울려 잘 보이지 않는다. 밤이 되면
숲 바닥에서 사는 딱정벌레, 지네, 개구리, 쥐 등을
잡아먹는다. 크고 넓은 부리로 땅에 떨어진 나뭇잎들
사이에서 곤충을 잡는다. 윗부리가 시작되는 곳에
나 있는 뻣뻣한 깃털은 고양이의 수염처럼 어둠
속에서 길이나 먹이를 찾는 데 도움이 된다.

나뭇가지에 꼿꼿이
앉아 있으면 시든
나뭇가지처럼 보인다.

호주산쏙독새
Podargus strigoides
길이 : 46cm

### 에뮤

날개가 아주 작아 날 수 없지만, 긴 다리로 빨리 달릴 수 있다.
먹이를 구하려고 비가 오는 곳을 찾아 일 년 내내 아주 먼
거리를 이동한다. 먹이를 먹어 몸속에 지방을 쌓아 비가 오지
않는 힘든 시기를 잘 넘긴다. 암컷이 땅의 구덩이에 알을
낳으면 수컷이 그 알들을 돌본다.

에뮤
Dromaius novaehollandiae
길이 : 2m
키 : 1.8m

위험을 느껴 달아날 때는
시속 48km까지 낼 수 있다.

에뮤는 타조와 비슷하지만,
타조는 발가락이 두 개씩,
에뮤는 세 개씩 있다.

### 무덤새

지름이 3m나 되는 큰 모래 구덩이를 파고 그 속에
젖은 낙엽과 잔 나뭇가지를 많이 넣은 뒤 그 위에 알을
낳는다. 그리고 알들을 모래로 덮어 큰 무덤처럼 만든
다. 젖은 낙엽과 잔 나뭇가지가 썩으면서 내는 열이
알을 따뜻하게 한다. 수컷은 부리로 모래를 쿡쿡
찌르면서 무덤 속의 온도를 살피는데, 항상 34℃가
되도록 한다. 온도를 높이려면 모래를 더 쌓고,
낮추려면 모래를 좀 덜어 낸다. 새끼는 알에서 깨면
자신의 힘으로 모래를 뚫고 밖으로 나온다.

갈색금조의
영어 이름은 '리라새'이다.
꼬리 오른쪽 맨 끝 깃털과 왼쪽
맨 끝 깃털의 모양이 고대 그리스의 작은
현악기인 리라와 비슷하기 때문이다.

수컷이 부리로 무덤 속의
온도를 잰다.

무덤새
(풀숲메거포드)
Leipoa ocellata
길이 : 60cm

### 갈색금조

수컷은 암컷을 유혹하거나 다른 경쟁자 수컷을 쫓아내려고
흙 둔덕 위에서 춤을 추거나 노래를 부른다. 머리를 앞쪽으로
내밀고 꼬리를 활짝 펴 찬란한 은빛 커튼을 만든다. 수컷의
몸은 커튼에 가려져 거의 안 보인다. 암컷은 둥지를 틀고 알을
한 개 낳는데, 새끼가 자라 둥지를 떠나기까지 약 7주 동안
새끼를 보살핀다.

수천 마리의 사랑새 무리가 물을 찾아 오지에서
돌아다닌다. 야생 사랑새는 깃털이 주로 녹색과
노란색이어서 애완용으로 길러진 사랑새의 빛깔과는
다르다.

튼튼한 발로 모래를 판다.

갈색금조
Menura novaehollandiae
길이 : 수컷(꼬리 함께)
최대 1m, 암컷 50cm

길고 힘센 다리

# 열대 우림 *Rainforests*

오스트레일리아 북동부의 열대 우림에서 사는 새들은 뉴기니 섬에서 사는 새들과 많이 비슷하다. 기후도 비슷하고, 두 지역이 먼 옛날에는 붙어 있었기 때문이다. 일 년 내내 비가 많이 오는 습하고 따뜻한 열대 우림에는 열매 맺는 나무가 많다. 뉴기니 섬은 그린란드 다음으로 큰 섬이다. 높은 산과 깊은 계곡이 있고, 새들의 천적이 없어서 풍조 등 다양한 새들이 진화할 수 있었다. 뉴기니 섬에 있는 몇몇 물총새 종류는 이곳에서만 관찰된다.

## 큰부채비둘기

세계에서 가장 큰 비둘기 종류 중 하나이다. 새끼도 아주 크다. 몸집이 큰 데도 나무의 15m 높이쯤에 둥지를 튼다. 수컷은 암컷을 유혹할 때 크고 화려한 머리장식 깃털을 보여준다. 그리고 꼬리를 활짝 펴서 위아래로 부채질을 하며 울음소리를 낸다.

위험이 닥치면 나뭇가지 위로 날아 도망친다.

큰부채비둘기
Goura victoria
길이 : 66cm

오스트레일리아 북동부의 열대 우림 근처에서 흐르는 강은 새들에게 다양한 서식지를 제공한다. 대륙 중앙의 건조하고 뜨거운 사막과는 대조적이다.

## 정원치장새

풍조와 비슷하지만, 풍조와 달리 수컷이 화려하고 긴 꼬리가 없다. 나뭇가지를 모아 은신처인 정자를 만들고, 화려한 빛깔의 물건들로 정자 주위를 치장한다. 암컷은 가장 화려한 정자를 가진 수컷을 선택한다. 짝을 지은 뒤에는 숲 속에 더 안전한 둥지를 틀기 위해 이 정자를 부숴 버린다.

청색정원치장새
Ptilonorhynchus violaceus
길이 : 33cm

주위를 파란색 물건들로 치장한 '가로수길' 정자

맥그러거정원치장새
Amblyornis macgregoriae
길이 : 25.5cm

'5월제의 기둥'(꽃, 리본 등으로 장식하여 5월에 그 주위에서 춤을 춤) 정자. 이 새는 머리 위에 커다란 오렌지색 볏이 있다.

보겔콥정원치장새
Amblyornis inornatus
길이 : 30cm

복잡한 '오두막' 정자. 머리 위에 볏이 없고, 깃털 색깔이 화려하지 않다.

## 수염화식조

이 커다란 새는 빽빽한 숲 아래를 지날 때는 머리 위의 크고 뿔 같은 투구를 앞으로 내밀어 식물의 잎을 헤친다. 긴 깃털은 물체에 몸이 긁히는 것을 막는다. 식물의 씨, 열매 등을 찾아 열대 우림에서 돌아다닌다.

힘센 다리와 긴 발톱이 있어 날지 못하는 대신 천적으로부터 빨리 달아날 수 있다.

수컷은 암컷을 유혹할 때 큰 소리를 내려고 목을 부풀린다.

수염화식조
Casuarius casuarius
길이 : 1.5m
몸무게 : 최대 55kg

새끼의 줄무늬는 위장하는 데 좋다.

## 푸른극락조

수컷은 암컷을 유혹할 때 나뭇가지에 거꾸로 매달려서 옆구리의 화려한 깃털을 부채처럼 활짝 펴고 몸을 흔들면서 전기 드릴이 도는 소리 같은 울음소리를 낸다. 그리고 두 개의 긴 꼬리 깃털을 아치형으로 구부린다. 암컷은 가장 멋있게 유혹하는 수컷과 짝을 짓는다.

푸른극락조
Paradisaea rudolphi
길이 : 30cm

수컷이 암컷을 유혹한다.

## 뉴기니앵무

암컷과 수컷 모두 깃털이 열대 우림에서 위장하기 위한 빛깔을 띠는데, 암컷이 수컷보다 더 화려하다. 이 새는 밤에 80마리 이상 모여 잠잔다. 낮에는 나무의 열매, 꿀 등 먹이를 찾아 나무 꼭대기 쪽으로 올라간다.

암컷을 유혹하지 않을 때의 수컷

수컷은 암컷을 유혹할 때 꼬리를 올린다.

붉은극락조
Cicinnurus regius
길이 : 16cm
수컷의 꼬리 길이 : 14cm

## 붉은극락조

수컷의 깃털은 붉은색, 암컷은 옅은 갈색이다. 암컷의 깃털 빛깔은 알과 새끼를 보살피는 데 도움이 된다. 암컷은 짝짓기를 하고 떠난 수컷을 대신해서 열대 우림에서 새끼와 자신이 먹을 먹이를 혼자 구한다.

튼튼한 발로 나뭇가지를 꽉 쥔다.

수컷

암컷

뉴기니앵무
Eclectus roratus
길이 : 38cm

뉴브리튼 섬

뉴기니 섬

솔로몬 제도

0    250    500 km

아라푸라 해

산호 해

태 평 양

카펜테리아 만

대

보

초

## 작은섬앵무

딱따구리가 없는 뉴기니와 그 근처 섬들에만 산다. 나무에 앉아 있을 때 딱따구리처럼 꼬리로 몸을 지탱한다. 이끼, 버섯, 풀, 벌레 등을 먹는다.

작은섬앵무
Micropsitta bruijnii
길이 : 9cm

나무 열매를 먹는 숲속붉은머리앵무는 문을 여닫을 때 나는 소리처럼 삐걱거리는 소리를 크게 낸다.

| | |
|---|---|
| 보겔콥정원치장새 | |
| 청색정원치장새 | 맥그리거정원치장새 |
| 수염화식조 | 뉴기니앵무 |
| 작은섬앵무 | 붉은극락조 |
| 푸른극락조 | 큰부채비둘기 |

그레이트샌디 사막

뻣뻣한 꼬리를 버팀대처럼 쓴다.

오 스 트 레 일 리 아

# 뉴질랜드
## *New Zealand*

뉴질랜드는 북섬과 남섬으로 이루어졌다.
북섬은 활화산이 있는 따뜻한 섬이다. 너도밤나무 숲과
산이 있는 남섬은 빙하가 있을 만큼 춥다. 뉴질랜드는
수천만 년 전에 다른 대륙으로부터 떨어졌다. 당시에는
전 세계적으로 새들의 천적인 포유동물이 적었다. 그래서
뉴질랜드에는 특이한 모습으로 진화한 새들이 많다. 키위나
노토르니스(큰 뜸부기) 등은 포유동물 천적이 없어서 도망갈
필요가 없어 결국 나는 것을 포기했다. 그러나 불행하게도 훗날
이 섬으로 이주해 온 사람들과 함께 들어온 족제비 같은
포유동물들에게 잡아먹히게 되었다.

### 높은산앵무(케아)
Nestor notabilis
길이 : 46cm

식물의 열매나 잎, 죽은 동물의 살을
먹는데, 동물의 살을 찢어 먹기 위해
윗부리가 아랫부리보다 길다.
그리고 수컷의 윗부리가 암컷의
윗부리보다 길다.

### 높은산앵무
다른 앵무새들과는 달리 추운 곳, 심지어는
눈이 있는 곳에서도 산다. 여름에는 산에서
살고, 겨울에는 해안 근처의 숲으로 이동한다.
부모는 새끼가 깨어 둥지를 떠나기까지
약 13주일 동안 함께 보살핀다.

### 뉴질랜드작은펭귄
세계에서 가장 작은 펭귄들이 뉴질랜드의 섬과
해안에서 살고 있다. 뉴질랜드작은펭귄은 낮에
는 바다에서 물고기를 잡아먹고, 밤이 되면
바닷가로 올라간다. 번식기가 되면 해마다 같은
짝과 같은 둥지에서 번식한다. 바위 사이,
풀밭, 굴속에 둥지를 튼다.

다리가 튼튼하고 발에
물갈퀴가 있어 빠르게
헤엄칠 수 있다.

뉴질랜드작은펭귄
Eudyptula minor
키 : 40cm

부리가 오른쪽으로 휘었다.
그래서 먹이를 먹을 때는
머리를 왼쪽으로 돌린다.

흰부리물떼새
Anarhynchus frontalis
길이 : 20cm

### 흰부리물떼새
물떼새와 비슷한 섭금류인데, 부리가 오른쪽으로
휘어서 이런 이름이 붙었다. 부리가 휜 이유는
아무도 모른다. 8월부터 12월까지 남섬에 있는
큰 강 근처의 자갈밭에서 번식한다. 이 새와 알은
자갈과 어우러져 잘 보이지 않는다. 1월에 북섬으로
이동한다.

태즈먼 해
북섬
플렌티 만
이스트 곶
라우쿠마라
산맥
타우포 호
루아히이네 산맥
호크
만
0  50  100  150 km
뉴질랜드
타라루아
산맥

태즈먼
산맥
쿡 해협
태즈먼 해
남섬
산맥
스
피
알
남
와이타키 강
캔터베리 평원
라카이아 강
태 평 양

스튜어트 섬

| | | |
|---|---|---|
| 갈색키위 | | 높은산앵무 |
| 흰부리물떼새 | | 투이벌새 |
| 뉴질랜드앵무새 | | 뉴질랜드작은펭귄 |
| 웨카 | | |

검은머리물떼새를 비롯한 바닷새들이 뉴질랜드의 해안에 둥지를 튼다. 남극 대륙으로 이동하거나 남극 대륙에서 이동해 오는 새들이 이 해안에서 먹이를 먹거나 쉰다.

**투이벌새**
Prosthemadura novaeseelandiae
길이 : 31cm

흰 깃털은 이 새가 울 때 위아래로 움직인다. 암컷은 수컷보다 이 깃털이 적다.

먹이가 많이 있는 곳에서 큰 무리를 짓기도 한다.

## 투이벌새
별명이 '목사 새'이다. 목 앞부분의 부푼 깃털이 목사들이 입는 옷의 하얀 깃 같기 때문이다. 벌새의 일종으로, 끝부분이 솔처럼 생긴 혀로 꽃의 꿀을 핥아 먹는다. 아주 빠르게 나는데, 날개 치는 소리가 요란하다. 번식기가 되면 수컷은 암컷을 유혹하기 위해 하늘에서 다이빙을 하면서 공중에서 빙글빙글 돈다.

걸을 때 튼튼한 날개로 몸의 균형을 잡는다.

## 웨카
날개가 잘 발달되었는데도 날 수 없다. 풀, 식물의 씨와 열매에서부터 들쥐, 새, 딱정벌레에 이르기까지 다양한 먹이를 먹는다. 주택가의 쓰레기통에서 먹이를 찾기도 한다. 이 새는 뉴질랜드의 작은 섬들에 처음 들어왔을 때 땅에 사는 많은 식물과 새들을 죽여 피해를 주었다. 그러나 한편 뉴질랜드의 드문 새 종류를 공격하는 들쥐를 잡아먹기도 한다.

이 종류의 웨카는 남섬에만 있다.

천적이 공격하면 튼튼한 발로 빠르게 도망친다.

**웨카**
Gallirallus australis
길이 : 53cm

북섬의 높고 기름진 땅은 숲에 덮여 있다. 어떤 나무는 높이가 15m나 된다.

## 갈색키위
날 수 없는 갈색키위는 새보다는 포유동물에 더 가까운 행동을 보인다. 밤에 둥지에서 나와 숲의 나무 사이를 성큼성큼 걸어 다니면서 긴 부리 끝 쪽에 있는 콧구멍으로 냄새를 맡으며 먹이를 찾는다. 아주 드물게 후각이 예민한 새이다. 나무가시로부터 몸을 보호하는 깃털은 두껍게 뭉쳐 있어서 포유동물의 모피 같다.

**뉴질랜드앵무새**
Strigops habroptilus
길이 : 63cm

녹색 깃털이 숲과 어울려 위장하기 쉽다.

길고 가는 부리로 지렁이, 곤충, 식물의 열매 등을 찾아 먹는다.

튼튼한 다리로 달리고, 힘센 발톱으로 먹이를 할퀸다.

**갈색키위**
Apteryx australis
길이 : 50cm

## 뉴질랜드앵무새
세계에서 가장 드문 앵무새 종류 중 하나이다. '올빼미앵무'라고도 하는데, 땅 위에서 살고 밤에만 활동한다. 지방층이 몸무게의 약 40%를 차지하고 있어 날지 못한다. 번식기가 되면 수컷들은 숲의 특정한 곳에 모여 1km나 떨어진 곳에서도 들리는 큰 울음소리를 낸다. 울음소리를 더 크게 하려고 확성기 역할을 할 수 있게끔 나무뿌리 아래에 굴을 판다. 그리고 몸을 풍선처럼 부풀린다.

# 남극 지역 *Antarctica*

세계에서 가장 춥고 바람이 많이 부는 남극 대륙은 대부분 얼음에 덮여 있다. 환경이 너무 혹독해서 육지 새는 오직 두 종류만이 겨우 살고 있다. 모두 비둘깃과의 남극흰물떼새 종류이다. 그 밖의 새들은 모두 바닷새이다. 여름에 해안 주위의 얼음이 녹으면 알바트로스, 슴새, 펭귄, 바다제비 등 바닷새 종류 수백만 마리가 해안으로 와서 알을 낳고 새끼를 기른다. 남극의 여름은 넉 달밖에 안 되는데, 이때는 하루의 대부분이 낮처럼 환하다. 겨울에는 대부분의 새들이 남극 대륙을 떠나거나 오스트레일리아 남쪽의 넓은 바다로 가서 먹이를 찾아 돌아다닌다.

하늘을 천천히 날면서 가끔 긴 날개를 활짝 펴고 활공을 한다.

## 남극재갈매기

일 년 내내 남극 대륙에 머무는 유일한 갈매기 종류이다. 물고기, 조개, 새우, 죽은 동물, 다른 새들의 알과 새끼도 먹는다. 가끔 조개를 가지고 하늘로 올라가 바위에 떨어뜨려 깨 먹기도 한다. 부모는 새끼가 태어날 때까지 약 한 달 동안 알을 따뜻하게 품는다. 태어난 새끼는 5~6주 정도 지나면 날 수 있다.

남극재갈매기
*Larus dominicanus*
길이 : 58cm
편 두 날개 길이 : 130cm

젠투펭귄과 황제쇠가마우지는 여름에 남극 대륙 바위 섬에 둥지를 튼다. 젠투펭귄 암컷은 봄에 눈이나 얼음이 녹자마자 알을 낳는다.

## 황제쇠가마우지

발에 물갈퀴가 있어 헤엄을 잘 친다. 깃털은 물을 빨아들이기 때문에 몸무게가 늘어 물에 쉽게 가라앉아 헤엄칠 수 있다. 물에서 나오면 날개를 활짝 펴서 말린다. 번식기가 되면 크게 무리를 지어 해안의 안전한 바위 턱이나 바위 사이에 둥지를 튼다. 어른 새들이 함께 천적을 쫓아내어 어린 새끼들을 보호한다. 둥지는 여러 개의 해초 다발을 새들의 배설물인 '구아노'로 붙여서 만든다.

번식기가 되면 머리 위에 조그만 깃털들이 자란다.

안쪽이 톱니처럼 들쭉날쭉하고 갈고리처럼 휜 부리는 미끄러운 물고기를 단단히 움켜잡을 수 있다.

황제쇠가마우지
*Phalacrocorax atriceps*
길이 : 72cm

크고 끝이 휜 부리로 물고기나 오징어를 잡는다.

큰 눈으로 바다에서 먹이를 찾는다.

짝짓기 때가 되면 암컷과 수컷이 마주 보고 부리를 여닫으면서 울음소리를 낸다. 칼싸움을 하듯이 부리를 부딪치기도 한다.

남극큰알바트로스
(떠돌이알바트로스)
*Diomedea exulans*
편 두 날개 길이 : 3.6m

## 남극큰알바트로스

세계에서 가장 큰 날개를 가진 새이다. 길고 좁은 날개로 바다 위를 힘들이지 않고 빠르게 날 수 있고, 기류를 이용해 하늘 높이 치솟기도 한다. 이 새는 오직 둥지를 틀기 위해서 남극 대륙으로 간다. 어린 새끼는 깃털이 모두 나서 날 수 있을 때까지 거의 일 년 동안 둥지에서 보낸다. 부모는 바다로 가서 먹이를 먹고 둥지로 돌아와 먹이를 새끼에게 토해 준다. 큰도둑갈매기 같은 천적이 나타나면 부모와 새끼들은 아주 고약한 냄새가 나는 끈적끈적하고 기름기 있는 음식물을 뿌려 물리친다.

**남극흰물떼새**
Chionis alba
길이 : 41cm

땅 위에서 많은 시간을
보내지만, 비행 실력도
수준급이다.

**남극흰물떼새**
깃털이 희고 부리가 노란 이 새는 철따라
먹이의 종류가 다르다. 겨울에는 바닷가에서
죽은 물고기, 작은 새우 같은 크릴, 삿갓조개 등을
먹고, 여름에는 바다표범이나 펭귄의 번식
장소에서 숨어 지내며 바다표범의 배설물,
병들었거나 어린 펭귄, 바다표범 새끼, 펭귄의
알 등을 먹는다. 남극 대륙에 있는 과학 기지에서
사람들이 버린 음식찌꺼기를 먹기도 한다.

**황제펭귄**
Aptenodytes forsteri
길이 : 1.1m

**남극대륙**

0   300   600   900 km

남극권

남극 반도

론 빙상

로스 빙상

로스 해

프린스앨버트 산지

아메리
빙상

남극재갈매기          남극흰물떼새
아델리펭귄            황제펭귄
남극큰바다제비         남극
황제쇠가마우지         큰알바트로스

이 그림은
남극큰바다
제비의 어린
새끼이다.
다 자라면 몸통과
얼굴에 얼룩덜룩한
회색 깃털이 난다.

**남극큰바다제비**
Macronectes giganteus
길이 : 90cm

**남극큰바다제비**
죽은 바다표범, 고래 등의 살을 파먹고 사는데, 몸에서
아주 불쾌한 악취가 난다. 독수리처럼 죽은 동물의 몸통에
구멍을 뚫고 커다란 부리를 넣어 먹이를 먹는다. 튼튼하고
흰 부리로 다른 바다제비 종류, 펭귄, 알바트로스 등을
잡아먹는다.

**황제펭귄**
남극의 어두운 겨울이 시작되면
남극의 해안으로 간다. 그리고 둥지를
틀기 위해 먼 내륙의 번식 장소로 걸어간다.
암컷은 그곳에서 큰 알을 하나 낳고, 먹이를
구하기 위해 바다로 돌아간다. 수컷들은
남아 알을 발 위에 올려놓고 약 8주일 동안
배의 털로 따뜻하게 품는다. 수컷은 추운
겨울의 여러 달 동안 알과 새끼를 돌보느라고
아무것도 먹을 수 없고, 거의 움직일 수도
없다. 암컷은 알이 깰 때가 되어서야
새끼에게 줄 먹이를 구해서 번식지로
돌아온다.

노처럼 물을 헤치는
날개가 지느러미
같은 역할을 한다.

종종 바다로 들어가는데,
천적인 표범물개를 조심
해야 한다.

**아델리펭귄**
Pygoscelis adeliae
길이 : 70cm

**아델리펭귄**
아델리펭귄과 황제펭귄 두 종류의 펭귄만이 꽁꽁 언 남극 대륙에서
살 수 있다. 아델리펭귄은 봄에 수백만 마리가 바다에서 육지로
올라가 긴 행렬을 이루어 번식지로 간다. 대부분 자신이 태어난
서식지로 짝짓기를 하러 간다. 암컷과 수컷은 서로를 유혹하기
위해 머리를 높이 치켜들고 날개를 퍼덕이며 울음소리를 낸다.

# 세계를 여행하는 새들
## *Travellers of the World*

지구에서 살고 있는 새들의 절반 정도가 해마다 나쁜 기후를 피하거나 먹이, 물, 번식처를 찾아 여행한다. 주로 밤에 이동하는데, 제비 등 몇 종류의 새들은 낮에 이동한다. 이동 중인 새들 상당수가 힘이 떨어지거나 먹이를 찾지 못해 죽는다. 험한 날씨와 사람들, 그리고 여러 종류의 천적들에 의해 희생을 당하기도 한다.

### 철새들의 이동 경로
왼쪽 지도는 철새들의 주요 이동 경로이다. 그러나 새들은 이보다 더 폭넓은 경로로 이동할 수도 있고, 경로를 변경할 수도 있다. 북아메리카에서 사는 새들의 약 3분의 2가 겨울에 남쪽으로 이동한다. 겨울의 또 다른 주요 이동 경로는 유럽에서 시작해 아프리카에 이르는 것이다. 이 경로를 이용하는 많은 새들이 비행에 도움을 주는 상승 기류가 없는 넓은 지중해 상공보다 지브롤터 해협 같은 좁은 바다 위를 지나간다. 아시아 대륙의 중앙은 봄과 여름에 새들에게 좋은 번식 장소이지만, 겨울에는 몹시 추워서 많은 새들이 해안으로 이동한다.

### 이동 준비
새들은 이동을 시작하기 전에 되도록 먹이를 많이 먹어 몸속에 지방을 축적한다. 이동을 준비할 때는 새로운 깃털이 자란다. 새들은 날씨의 변화를 느낄 수 있고, 낮 길이의 변화에 반응하는 '생체 시계'가 뇌 속에 있어서 이동 시기를 알 수 있다. 가을에 낮의 길이가 점점 짧아지면 제비 같은 새들은 활동성이 높아지고, 이동 준비로 무리를 짓는다.

제비는 이동하기 전에 날아다니는 곤충을 많이 잡아먹는다.

제비
Hirundo rustica

제비는 끝이 뾰족한 긴 날개로 빠르고 힘차게 난다.

### 길찾기
새들은 본능적으로 자기가 가야 할 길을 안다. 어린 새들도 첫 여행을 할 때 어른 새의 도움 없이 길을 안다. 해, 달, 별, 지구의 자기장 등을 이용해서 방향을 찾을 수도 있다. 슴새, 바다제비 등은 넓은 바다 위를 가로질러 이동할 때 바람에 실려 오는 냄새로 방향을 잡는다. 그리고 새들은 이동할 때 해마다 보는 강, 계곡, 산맥, 해안선 등을 보고 길을 찾을 수도 있다.

## 여행하는 새들

검은목두루미 같은 몇몇 새들은 이동할 때 V자 대형으로 줄을 지어 난다. 맨 앞에서 나는 새의 인도를 받는 뒤쪽 새들은 날개로 공기를 밀 때 힘이 덜 든다. 황새 같은 새들은 아래에서 위쪽으로 부는 따뜻한 상승 기류를 이용해 활공한다. 어떤 새들은 몸 안에 저장한 지방을 사용해 며칠 동안 쉬지 않고 이동할 수 있고, 어떤 새들은 이동 중에 날마다 먹이를 먹고 쉬어야 한다.

## 새들의 이동에 관한 연구

새들이 얼마나 멀리 이동하는지, 어디로 이동하는지 알기 위해 새들의 다리에 금속이나 플라스틱으로 만든 가락지를 끼운다. 가락지에는 번호나 빛깔 있는 기호, 심지어는 가락지를 끼워 준 사람의 주소도 적혀 있어 나중에 이 새를 발견한 사람이 기호와 발견한 곳을 알려 준다. 사진처럼 쇠부엉이 같은 새에 일정한 주파수 신호를 보내는 송신기를 붙여 가까운 거리에서 이 새를 추적할 수도 있다.

검은목두루미는 밤낮을 가리지 않고 유럽에서 아프리카로 이동한다. 힘차게 잘 날아 넓은 지중해 상공을 날 수 있다.

검은목두루미
Grus grus

새들은 종종 수천 마리가 무리를 지어 이동한다. 검은목두루미처럼 V자 대형을 이루고 날면 힘이 절약된다.

쇠부리슴새
Puffinus tenuirostris

## 북쪽에서 남쪽으로 이동

미국황금물떼새를 비롯한 많은 새들이 여름에는 북쪽에서 지내고, 추운 겨울에는 따뜻한 남쪽으로 날아갔다가 이듬해 봄이 되면 북쪽으로 돌아간다. 반대로 육지 새들 가운데 남쪽에서 북쪽으로 이동하는 새 종류는 아주 드물다. 그러나 쇠부리슴새 같은 남쪽의 바닷새들은 여름에 적도를 지나 북반구의 해안으로 이동한다. 그곳이 더 따뜻하고 먹이가 풍부하기 때문이다.

태즈메이니아, 오스트레일리아, 남태평양의 여러 섬에서 번식한다. 4월에 일본과 미국 동부 지역으로 날아가고, 겨울에 다시 남쪽으로 이동한다.

미국황금물떼새
Pluvialis dominica

알래스카와 캐나다 북부의 툰드라 지역에서 번식하고, 겨울에는 남아메리카의 팜파스 지역으로 이동한다.

## 놀라운 철새들

북극제비갈매기
Sterna paradisaea

### 가장 멀리 이동하는 철새

북극제비갈매기는 해마다 북극 지역에서 남극 지역으로, 그리고 다시 북극 지역으로 이동한다. 이동 거리가 무려 40,000km나 된다.

### 가장 높이 날아 이동하는 새

대다수의 새는 이동할 때 높이 90m 이하로 나는데, 콘도르는 안데스 산맥의 상공을 약 6,000m 높이로 날아 이동한다. 가장 높이 나는 새는 히말라야 산맥을 넘는 기러기, 두루미, 황새 등으로, 9,500m 이상 날아 이동한다.

### 이동하기 전에 몸무게를 많이 늘리는 새

검은머리울새는 먼 거리 이동에 필요한 에너지를 비축하려고 이동 전에 많이 먹어 몸무게를 두 배로 늘린다.

붉은목벌새
Archilochus colubris

### 작은 철새

벌새들은 대부분 멀리 이동하지 않지만, 붉은목벌새는 미국 동부에서 대륙을 지나 3,200km 떨어진 중앙아메리카의 멕시코 만까지 이동한다. 이 새가 오랫동안 날기 위한 힘을 어떻게 축적하는지는 아직 모른다.

# 사라져 가는 새들
## Birds in Danger

전 세계 조류의 약 10% 정도인 1,000여 종의 새들이 멸종 위기를 맞고 있다. 앵무새 종류는 전체의 약 70%가 멸종 위험에 놓여 있다. 사람들은 새들의 서식지를 파괴하거나

오염시키고, 새들을 사냥하거나 애완용으로 잡는다. 새들을 보호하기 위해 많은 노력이 필요한 시기이다.

### 멸종 위기의 새들
다음 여섯 종류의 새는 각각 150마리 이하만이 살아남아 있을 정도로 세계에서 가장 희귀하다.

흰꼬리수리
Haliaeetus albicilla
유럽

에스키모쇠부리도요
Numenius borealis
아메리카

흰부리딱따구리
Campephilus principalis
아메리카

채텀검은울새
Petroica traversi
뉴질랜드

흰목숲새
Atrichornis clamosus
오스트레일리아

검은배팔색조
Pitta gurneyi
타이

### 서식지 파괴

달메시안사다새
Pelecanus crispus

세계에서 멸종 위기에 있는 새의 약 3분의 2는 서식지가 파괴되었기 때문이다. 습지와 늪지대는 메워져서 공장과 농지가 되고, 초원은 농작물을 재배하고 가축을 놓아길러 망가졌으며, 숲은 농장, 집, 광산 등에 필요한 목재 때문에 마구 베어졌다. 달메시안사다새는 지난날 남동유럽, 러시아, 이란, 터키에서 흔히 볼 수 있었는데, 지금은 사람들이 강, 호수, 삼각주 등을 개발해서 둥지를 틀 곳이 없어 멸종되었다. 지구에 있는 열대 우림의 반 이상이 이미 파괴되었고, 지금도 계속 파괴되고 있다.

### 새 사냥과 새알 수집

타조의 깃털이 여자 모자의 장식품으로 사용되면서 타조가 많이 사냥 당했다. 백로 등 많은 새들이 해마다 아름다운 깃털 때문에 죽임을 당했다. 사람들은 먹기 위해 새들의 알을 많이 훔친다. 나그네비둘기는 세계에서 수가 가장 많은 새 가운데 하나였지만, 19세기에 북아메리카에 정착한 유럽인들이 수백만 마리를 죽이면서 백 년도 안 되어 멸종되었다. 오늘날에는 새 사냥을 단순한 스포츠로 생각해서 오리, 기러기 등 물새들을 많이 잡는다.

아시아에 있는 열대 우림 대부분이 파괴되었다. 따오기는 서식지인 숲이 파괴되자 거의 멸종되어 지금은 보호 대상이 되었다.

따오기
Nipponia nippon

사람들이 아일랜드 해안의 풀머갈매기 무리 서식지에서 수천 개의 알을 훔친다.

방울깃작은느시
Chlamydotis undulata

파키스탄의 방울깃작은느시는 사람들이 스포츠를 즐기려고 마구 사냥해 거의 멸종되었다.

## 새로 들어온 동물

사람들이 들여온 동물들은 새로운 환경에 적응하지 못하면 죽는다. 어떤 동물들은 번식하여 수가 늘어 원래 살고 있던 동물들을 공격하기도 하고, 병을 퍼뜨리고, 먹이와 서식 장소를 빼앗아 생태계 균형을 깨뜨린다. 검은풍조딱새는 지난날 세이셸 (인도양 서부 세이셸 제도로 이루어진 나라)의 거의 모든 섬에서 흔히 발견되었지만, 오늘날에는 오직 하나의 섬에서 100마리 이하만 발견되고 있다. 고양이나 쥐 때문에 다른 곳으로 쫓겨난 것이다.

## 애완용으로 수출

많은 사람이 애완용 새를 새장에 가둬 두고 새의 빛깔과 노랫소리 등을 즐긴다. 이러한 새는 대부분 아프리카, 아시아, 남아메리카 등에서 잡혀 여러 나라로 옮겨진다. 식물의 씨를 먹는 작은 명금류(노래를 잘 부르는 새 종류)의 약 80%가 애완용 새로 거래되고, 해마다 60만 마리 이상의 앵무새가 팔리고 있다. 새 무역의 가장 나쁜 점은 새가 잡힐 때, 팔리기를 기다릴 때, 그리고 갇혀서 옮겨질 때 많이 죽는다는 것이다. 사람들은 새를 옮길 때 상자에 가두고 물이나 먹이를 안 주기도 한다.

새장에 갇힌 애완용 새

검은풍조딱새
Tersiphone corvina

타카헤
Notornis mantelli

족제비
Mustela erminea

뉴질랜드는 쥐 같은 작은 포유동물의 번식을 줄이기 위해 족제비를 처음 들여왔다. 그런데 족제비들은 날지 못하는 아주 귀한 새인 타카헤의 알과 새끼를 습격하여 이 새는 결국 멸종 위기에 놓였다.

2007년 우리나라 서해안 태안반도 유조선 기름유출사건으로 기름 목욕을 한 새 태안 지역은 수십만 마리의 겨울 철새가 오가는 곳이다. 오염상황을 모르고 바다나 갯벌에 앉은 새들이 피해를 당했다.

## 환경오염

기름, 산성비, 살충제, 공장 폐기물 등이 새들의 생존을 위협하고 있다. 해양 사고로 배에서 흘러나온 기름이 바다를 더럽히고, 사람들이 버린 폐유가 바다로 흘러든 다. 기름이 깃털에 달라붙어서 새들은 추위와 더위를 조절하지 못하고, 먹이를 잡으러 잠수하지도 못한다. 새가 깃털을 다듬을 때 마시게 되는 기름 역시 새들에게 독이 된다. 기름에 오염된 새는 비눗물로 빨리 씻어 주어야 한다. 그러지 않으면 추위와 배고픔을 참지 못해 죽는다. 자동차나 화력발전소의 배기가스에 있는 화학물질이 공기 중의 수분과 섞여 만들어지는 산성비는 숲이나 호수에 내려 새들뿐만 아니라 새들이 먹는 먹이에도 피해를 준다.

## 멸종

많은 새들이 완전히 멸종되었다. 개똥참새는 1940년대까지 미국 플로리다 주 동부 해안의 염습지(바닷물이 괴어 있는 습지) 에서 수천 마리가 살았다. 그런데 1950년대 중반에 나사(미국 항공 우주국)와 케이프커내버럴(미국 항공 우주국의 우주 로켓 발사기 지)이 이곳에 건설되고, 바닷물을 막는 둑이 만들어졌다. 이 참새는 바닷물이 괸 습지에서만 먹이를 얻기 때문에 결국 멸종되기 시작했다. 몇 마리가 야생 동물 보호 지역에서 보호되었는데, 1975년에 일어난 큰 산불로 서식지가 파괴되어 암컷은 한 마리도 살아남지 못했다. 마지막으로 남은 새가 1989년에 죽어 멸종되었다.

개똥참새
Ammodramus
maritimus nigrescens

## 새들을 돕는 방법

• 새들이 사람이나 천적으로부터 받는 피해를 줄이고, 보호받을 수 있는 자연 보존 지역을 정하고, 야생 동물을 사냥하지 못하게 한다.

• 악천후로 인해 먹이를 구하지 못하는 새들 에게 먹이를 준다. 아래 사진은 기계로 북아메 리카에서 겨울에 미국큰고니에게 먹이를 뿌려 주는 모습이다. 호수가 얼어 호수에서 자라는 식물을 먹고 사는 미국큰고니가 먹이를 구할 수 없기 때문이다.

• 사로잡힌 희귀한 새들은 번식시킨 뒤 다시 야생으로 돌려보낸다. 모리셔스홍비둘기는 이 런 방법에 의해 보존되었다.

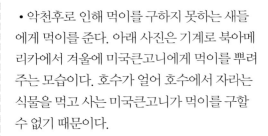

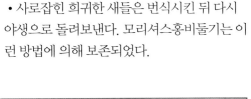

모리셔스홍비둘기
Nesoenas mayeri

• 희귀한 새는 사냥하지 못하게 하고, 이동 중인 새들에게 총을 쏘지 못하게 한다.

• 야생인 새를 새장에 가두는 것을 금지시킨다.

• 기름이나 살충제를 비롯한 오염 물질의 사용량을 줄인다.

• 새들의 생태를 연구하여 새들을 보호하는 가장 좋은 방법을 찾아낸다.

• 멸종 위기에 놓인 새들을 보호하는 국제법을 잘 지킨다.

• 많은 사람들에게 문제점을 인식시킬 수 있도록 새 보호 단체에 가입한다.

# 찾아보기

글 / 바바라 테일러
환경과학을 공부하고 런던 자연사 박물관에서 일했다. 지금까지 100여 권에 달하는 자연과학 서적을 냈다. 세계 곳곳의 야생동물 보호구역을 돌아다니며 동물들의 생태 환경에 대해 공부하고 있으며, 자연보호 활동에도 앞장서고 있다.

그림 / 리차드 오어
영국 출신의 세계적인 삽화가. 동물 생태 연구 전문가로서 많은 책들을 펴냈으며, 그의 작품들이 런던 자연사 박물관에 전시되기도 했다. 자연보호 활동에 앞장서고 있으며, 현재 네덜란드에 있는 동물 협회에서 활동하고 있다.

번역·감수
윤무부
경희대에서 생물을 전공했으며, 동 대학원에서 조류학 석사를, 한국 교원대학에서 생물 교육학 박사를 받았다. 한국동물학회 이사, 생태학회 이사, 한국행동생물학회 이사, 서울특별시 환경자문위원, 문화관광부 문화재전문위원, 환경청 국립공원 자문위원으로 활동했다. 현재 경희대 문리대학 생물학과 명예교수로 있다. 지은 책으로 《한국의 새》 《한국의 철새》 《한국의 텃새》 《한국의 천연기념물》 《날아라, 어제보다 조금 더 멀리》 등이 있다.

감수
박선오
서울대학교 생물교육과를 졸업하고 과학동아 구술 연재 담당과 대성 전국 모의고사 출제 위원으로 있었다. 메가스터디 강사로 있었다.

박영주
서울대학교 사범대학 지구과학교육과를 졸업하고, 서울대학교 자연과학대학원 대기과학과를 졸업했다. 중학교 과학교사로 있다.